Anytime 영어회화

영어회화 표현의

Anytime 영어회화

저자 **김민정**

대학 졸업 후 한동안 영어와 거리를 둔 채 직장생활을 했다. 하지만 저자의 마음을 뛰게 하는 건 영어이고 학생들을 지도하는 데 뜻을 두기로 했다.
한국외국어대학교 TESOL대학원 영어교수학습지도학과에 진학하여 자연스럽게 접할 수 있는 영어학습법에 대해 연구했다. ESL과 EFL의 장점들을 자연스럽게 녹일 수 있는 패턴 학습법을 선택하여 영어 실력 향상을 위한 코칭법을 연구 중이다.

Anytime 영어회화

2019년 6월 17일 1판 1쇄 발행

저 자 김민정
발행자 김남일

발행처 TOMATO
주 소 서울 동대문구 장안동 387-4 성신빌딩 2층
전 화 0502-600-4925
팩 스 0502-600-4924
홈페이지 www.tomatobooks.co.kr

ISBN 978-89-91068-49-0 13740

이 도서의 국립중앙도서관 출판예정도서목록(CIP)은 서지정보유통지원시스템 홈페이지(http://seoji.nl.go.kr)와 국가자료종합목록 구축시스템(http://kolis-net.nl.go.kr)에서 이용하실 수 있습니다.
(CIP제어번호 : CIP2019018983)

이 책은 일상에서의 여러 가지 상황과 일이 일어나는 다양한 장면에서 활용할 수 있는 생생한 영어 표현을 모은 회화표현집입니다.

어떤 상황에서 외국인을 만나도 원활한 대화가 가능하도록 일상생활에서 마주칠 수 있는 갖가지 상황·장면을 세분하여 책을 구성했습니다.

PART 1은 일상표현을 이용하여 회화에 자주 쓰이는 기본적인 영어 패턴을 익힐 수 있게 구성했습니다. 이후 이 책에 수록된 회화 표현들을 쉽게 이해하는 것은 물론 독자 스스로 필요한 표현을 만들어 쓸 수 있는 능력을 기를 수 있도록 표현 패턴에 관한 간결한 해설을 달아두었습니다.

PART 2부터 PART 4까지는 일상에서 만나는 다양한 상황과 장면에 활용해서 쓸 수 있는 생생한 현지 표현을 정리해 두었습니다. 여러 상황에 따른 다양한 표현이 들어 있지만 PART 1에서 설명한 영어 패턴을 이해했다면 그다지 어렵지 않게 읽을 수 있을 것입니다.

상황에 따른 다양한 표현 실력은 외국인과 유창하게 대화할 수 있는 기본이 됩니다. 실제 상황에서 활용할 수 있을 정도로 이 책에 수록된 표현들을 잘 연습해서 자기 것으로 만들어 보길 바랍니다.

HOW TO USE

❶ 『기본표현』『감정표현』『인간관계』『일상생활』 편으로 Part를 나누고, 각 Part는 일상에서 일어날 수 있는 상황으로 Chapter를 구성했습니다.

❷ 각 Chapter는 구체적인 장면으로 다시 나누어 그 장면에서 자주 쓰이는 유용한 표현들을 수록했습니다.

❸ 표현이 들어있는 mp3 파일의 번호입니다. 앞 번호는 Part를 나타내고, 뒷 번호는 Chapter를 나타냅니다.

❹ 장면마다 자주 쓰이는 20개 정도의 핵심적인 표현을 익힐 수 있습니다. 표현 앞에 번호를 달아 녹음된 음성 파일을 들으며 공부할 때 해당 표현을 쉽게 찾을 수 있게 했습니다.

❺ 어법이나 영문 패턴, 단어나 용어에 대한 해설 등 추가적인 설명이 필요한 경우에 표현 아래에 해설을 달아 쉽게 익힐 수 있게 했습니다.

이 책에 쓰인 기호의 의미는 다음과 같습니다.

- 같은 의미로 쓸 수 있는 표현이나 비슷한 용도로 쓸 수 있는 표현은 별도의 행이나 슬래시(/)로 구분했습니다.
- 바꿔서 말해도 같은 의미로 통하는 말은 대괄호([ ]) 속에 넣어 나타냈습니다.
- 생략해서 써도 되는 말은 괄호(( )) 속에 넣어 나타냈습니다.

C O N T E N T S

PART 1 기본 표현

Chapter 01 희망·바람 ······ 014

Chapter 02 요청 ······ 017
- 요청할 때 – 017
- 요청을 들어줄 때 – 018
- 요청을 거절할 때 – 019

Chapter 03 제안·권유 ······ 020
- 제안이나 권유할 때 – 020
- 제안이나 권유를 수락할 때 – 022
- 제안이나 권유를 거절할 때 – 022

Chapter 04 예정·계획 ······ 024

Chapter 05 의무·필요 ······ 026

Chapter 06 허락 ······ 028
- 허락을 청할 때 – 028
- 허락해줄 때 – 030
- 허락하지 않을 때 – 031

Chapter 07 금지 ······ 032
- 금지할 때 – 032
- 금지에 대한 대답 – 033

Chapter 08 추측 ······ 034

Chapter 09 조언 ······ 036

PART 2 감정 표현

Chapter 01 감사 ······ 040
- 고맙다고 할 때 – 040
- 감사의 인사에 대한 대답 – 042

Chapter 02 사과 ······ 043
- 사과할 때 – 043
- 사과에 대한 대답 – 045

Chapter 03 축하·기원 ······ 046
- 축하 – 046
- 기원 – 047

Chapter 04 칭찬 ······ 049

Chapter 05 기쁨·슬픔, 외로움 ······ 051
- 기쁨 – 051
- 슬픔, 외로움 – 052

Chapter 06 만족·불만 ······ 054
- 만족 – 054
- 불만 – 055

Chapter 07 성냄 ······ 057

Chapter 08 놀람 ······ 059

Chapter 09 동정, 위로·조의 ······ 061
- 동정, 위로 – 061
- 조의 – 063

PART 3 인간관계

Chapter 01 인사 066

일상의 인사 – 066

오랜만에 만났을 때의 인사 – 067

인사에 대한 대답 – 069

안부를 전할 때 – 070

Chapter 02 소개 072

자기소개 – 072

소개 – 073

Chapter 03 대화하기 075

부를 때 – 075

대화중에 끼어들 때 – 076

화제를 꺼낼 때 – 077

화제를 바꿀 때 – 078

말이 막혔을 때 – 079

이해했는지 확인할 때 – 081

이해했다고 할 때 – 081

다시 말해 달라고 할 때 – 082

특정한 말을 다시 물을 때 – 083

맞장구 – 084

의견을 물을 때, 의견을 말할 때 – 086

다른 사람의 의견에 찬성할 때 – 088

다른 사람의 의견에 반대할 때 – 089

모르겠다고 할 때 – 090

대화를 마칠 때 – 091

Chapter 04 기본적인 질문 · 대답 092

시간을 물을 때와 대답할 때 – 092

요일이나 날짜를 물을 때, 대답할 때 094

수량이나 정도를 물을 때, 대답할 때 095

빈도나 횟수를 물을 때, 대답할 때 – 097

길을 물을 때 – 100

장소를 가르쳐줄 때 – 101

길을 알려줄 때 – 102

Chapter 05 이야깃거리 104

개인 신상 – 104

외모; 외모를 물을 때 – 106

외모; 전체적인 인상 – 107

외모; 키와 체형 – 108

외모; 머리 모양 – 110

외모; 얼굴 – 111

외모; 눈, 코, 입 – 112

외모; 손, 발, 몸 – 114

성격; 호감이 가는 성격 – 115

성격; 비호감 성격 – 117

일기예보 – 119

날씨 – 120

날씨; 바람 – 121

날씨; 비, 눈 – 122

날씨; 기타 – 124

사계절; 봄 – 124

사계절; 여름 – 125

사계절; 가을 – 126

사계절; 겨울 – 127

Chapter 06 연애 · 결혼 128

첫 만남 – 128

고백 – 130

실연 – 131

이별할 때 – 132

싸움, 화해 – 133

청혼 – 134

약혼, 결혼 – 135

C O N T E N T S

Chapter 07 의식 137
결혼식 – 137
장례식 – 139
기타 의식 – 141

PART 4 일상생활

Chapter 01 기상 · 취침 144
기상 – 144
세수, 양치 – 145
목욕, 샤워 – 146
화장실 – 148
취침 – 149

Chapter 02 가사 151
요리 – 151
설거지 – 154
세탁 – 155
재봉 – 156
청소 – 158
쓰레기 분리수거 – 159

Chapter 03 식사 161
식탁에서 – 161
맛 – 163

Chapter 04 주거 166
부동산에서 – 166
이사 – 168
방 – 169
벽, 바닥 – 171
정원 – 172
건축, 설비 – 173
집수리 – 174

Chapter 05 쇼핑 176
매장을 찾을 때 – 176
상품을 찾을 때 – 177
사이즈 – 179
상품에 관해 물을 때 – 180
가격 – 182
지불 – 183
반품, 교환 – 184
식료품 구입 – 185
생활용품 구입 – 186

Chapter 06 교통수단 189
승차권 구입 – 189
열차를 이용할 때 – 190
버스를 이용할 때 – 192
택시를 이용할 때 – 193
렌터카 – 195
비행기 – 197
배 – 199

Chapter 07 통신 201
전화 걸 때 – 201
전화 받을 때 – 203
부재중일 때 – 204
휴대전화 – 205
팩스 – 207
인터넷 – 208
이메일 – 210
우편 – 211

Chapter 08 가계 214
은행 – 214

대출 – 216
투자 – 217
절약 – 219

Chapter 09 학교 221
입학, 학년 – 221
대학입시, 시험 – 222
학교생활(1) – 224
학교생활(2) – 225
수업 – 227
졸업, 진로 – 228

Chapter 10 회사 230
직장 – 230
업무 – 231
회의, 손님 접대 – 233
인사 – 234
임금, 보너스 – 235
컴퓨터 – 237
사무기기 – 238
사무용품 – 239

Chapter 11 취미 · 오락 241
독서 – 241
텔레비전 – 243
라디오 – 244
음악 – 246
연극 – 247
영화 – 249
놀이공원 – 251
사진 – 252
등산, 캠핑 – 254
낚시 – 256

Chapter 12 스포츠 258
축구 – 258
골프 – 260
야구 – 262
테니스 – 264
수영 – 265
여러 가지 스포츠 – 267

Chapter 13 건강 269
체력, 운동 – 269
건강 – 270
피로 – 272
몸의 이상 – 273
감기 – 274
노화 – 275
청력, 시력 – 276
이 – 278

Chapter 14 질병 · 통증 280
일반적 질병 – 280
피부 질환 – 282
암 – 283
부상 – 284
통증 – 287
병원 – 288
진찰, 검사 – 290
약 – 291

PART 01

기본 표현

Chapter 1 희망·바람
Chapter 2 요청
Chapter 3 제안·권유
Chapter 4 예정·계획
Chapter 5 의무·필요
Chapter 6 허락
Chapter 7 금지
Chapter 8 추측
Chapter 9 조언

mp3
01-01
~
01-16

CHAPTER 01 희망·바람

01-01

01 I want to take a day off.

하루 쉬고 싶어.

▲ '~하고 싶다'는 I want to+동사원형. 형태가 기본이지만, 회화에서는 I'd like to+동사원형. 형태를 많이 쓴다. day off는 '쉬는 날'을 말하며, 복수형은 days off이다.

02 I'd like to go to Beijing or Tokyo.

베이징이나 도쿄에 가고 싶어.

03 I'd like her to call me between one and two.

그녀가 1시에서 2시 사이에 전화해 주었으면 한다.

▲ I'd like+A(사람)+to+동사원형. 형태로 쓰면 행동의 주체가 A가 되므로 'A가 ~해주면 좋겠다.' 라는 의미가 된다.

04 I feel like going there just once.
I feel inclined to go there just once.
I have half a mind to go there just once.

한 번만이라도 거기 가고 싶어.

05 I'm keen to go abroad.

외국에 무척 가고 싶어.

06 I'm eager[anxious] to climb Mt. Everest.

꼭 에베레스트 산을 등반하고 싶어.

07 **I'm dying to go to New York.**

뉴욕에 가고 싶어 죽을 지경이야.

▲ '담배 피우고 싶어 죽겠어.'는 I'm dying for a smoke.

08 **Would you accept this? I hope you'll like it.**

이거 받아 줄래? 네 마음에 들면 좋겠어.

▲ I hope (that) 다음에는 바라는 일이나 실현 가능한 일을 쓴다.

09 **I hope it won't rain tomorrow.**

내일은 비가 안 오면 좋겠어.

10 **I hope not.**

그러지 않았으면 좋겠어.

▲ I hope so.(그러면 좋겠어.) 또는 I hope not.과 같은 짧은 대답이 회화에서 자주 쓰인다.

11 **(I wish you) Good luck!**

행운을 빌어.

▲ wish가 두 개의 목적어를 가진 동사로 쓰이면 '…가 ~하길 바란다.'라는 바람을 나타낸다.

12 **(I wish you a) Merry Christmas.**

즐거운 크리스마스 보내.

13 **I wish I could help you.**

내가 도울 수 있으면 좋겠어.

▲ I wish+가정법 과거 ~는 현재의 상황에서 실현할 수 없는 바람을 나타낸다. 즉 위 문장은 Sorry I can't help you.(미안하지만, 도울 수 없다)라고 말하고 있는 것이다.

14 **I wish I could, but I have an appointment this evening.**

그러고 싶지만, 오늘 저녁에는 약속이 있어.

▲ I wish I could.는 I'm sorry I can't (join you).와 같은 의미다.

15 I wish I had enough money to buy a brand-new car.

새 차를 살 돈이 있으면 좋을 텐데.

16 I wish it would stop raining soon.

빨리 비가 그쳤으면 좋겠다.

17 If only I could be through with it today!

오늘 중으로 그걸 끝낼 수 있으면 좋겠어!

▲ If only ~는 I wish ~와 거의 같은 의미로 쓸 수 있다.

CHAPTER 02 요청

01-02

Scene 01 요청할 때

01 Would you do me a favor? / I've got a favor to ask.
Can I ask you a favor?

부탁 하나 들어줄래?

▲ '~해 달라'고 요청할 때는 보통 조동사 will / can / would / could 등을 이용한다. 조동사 과거형을 쓰면 공손한 표현이 되고, kindly나 please를 붙이면 더욱 공손하게 들린다.

02 Can I borrow this?

이것 좀 빌릴 수 있을까?

▲ Can I+동사원형?이나 May I+동사원형?은 허락을 청하는 표현이지만, 공손하게 요청할 때도 쓸 수 있다. May I ~?는 격식을 차린 표현이므로 회화에서는 Can I ~?가 많이 쓰인다.

03 Could you open[shut] the window?

창문을 좀 열어(닫아) 줄래요?

▲ 공손함의 정도는 Open the window. → Open the window, please. → Open the window, will you? → Will you open the window, please? → Would you open the window, please? → Could you open the window, please? → Do you mind opening the window? → Would you mind opening the window? 순으로 증가한다.

04 Could you give me a hand here?

여기 좀 도와줄래요?

05 Could you put that over there, please?

그걸 저기 놓아 줄래요?

06 Could you tell me your e-mail address?

이메일 주소를 알려 줄래요?

07 Would you mind looking into this for me?

이것 좀 알아봐 줄래요?

▲ Would you mind+-ing ~? 형식도 공손하게 요청할 때 쓸 수 있는 표현이다. 동사 mind의 본래 의미는 '싫어하다, 신경 쓰다'이므로 직역하면 '~하는 것이 싫으세요?'가 된다. 따라서 대답은 승낙하는 경우 No, I wouldn't.로 하고, 거절하는 경우에는 Yes, I would.가 된다. 하지만, 실제 회화에서는 다음과 같은 대답할 때가 많다.
승낙하는 경우: No, not at all. / Certainly not. / Of course not.
거절하는 경우: I'm sorry I can't.

08 I'd like to have you finish this by tomorrow.

내일까지 이 일을 끝내주세요.

09 Let out the waist three centimeters, please.

허리를 3센티미터 늘려주세요.

▲ please를 문장 끝에 쓰면 문장 앞에 쓰는 것보다 친근하게 들린다. 가벼운 명령이나 요청하는 경우 원하는 물건이나 요청하는 것에 please를 붙여 명사+please. 형식으로 쓸 수도 있다.

01-03

Scene 02 요청을 들어줄 때

01 Sure. / Surely. / Certainly. / Yes, certainly.
All right. / No problem. / OK.

그럼요.

02 With pleasure. / Yes, with pleasure. / My pleasure.
I'd be glad to. / I'd love to.
기꺼이 그러죠.

03 I'll do the best I can. / I'll try my best.
최선을 다해 볼게요.

04 Yes, of course. / Why, of course. / Why not?
Oh, yes, by all means.
물론이죠.

01-04

Scene 03 요청을 거절할 때

01 I'm afraid I can't (do that). / I'm sorry, but I can't (help you).
안 되겠는데요.

02 I'm sorry, but I'm busy right now.
I'm sorry, but I don't have time to help you.
미안한데, 지금은 바빠서요.

03 I'd like to say 'yes', but I can't this time.
들어 주고 싶지만, 이번에는 안 되겠어요.

04 Well, let's make it some other time.
Maybe some other time. / Can I take a rain check?
다음에 하죠.

05 No, I can't. You're asking too much.
안 되겠어요. 너무 무리한 요구에요.

제안·권유

01-05

Scene 01 제안이나 권유할 때

01 Shall we go for a walk? / Let's go for a walk.
Let's go for a walk, shall we? / Won't you go for a walk?
Would you like to go for a walk?

우리 산책 나갈까?

▲ '~하자, ~할까요?'라고 제안할 때는 조동사 will / shall / can / could / would 등을 이용한다. Let's+동사원형. 형식도 제안이나 권유할 때 많이 쓰인다. 참고로 Let's ~. 문장의 부가의문문은 shall we?를 써서 Let's ~, shall we? 형태로 한다. 대답은 Yes, let's.(그러자.) 또는 No, let's not.(하지 말자.) 등으로 할 수 있다.

02 Shall I show you the way or draw a map for you?

길을 안내해 줄까, 약도를 그려 줄까?

▲ Shall I ~?는 '내가 ~할까?'라고 뭔가 해주겠다고 제안하며 상대방의 의사를 묻는 표현이다.

03 Let's take turns cleaning the room.

교대로 방을 청소하자.

04 Won't you drive to Suwon?

수원으로 드라이브 안 갈래?

▲ won't는 will not의 축약형. Will you+동사원형? 형식으로 해도 같은 의미가 된다. 부정의문문을 이용하면 더욱 친근한 느낌을 줄 수 있다.

05 Would you like to go to a movie?

영화 보러 갈래?

▲ Would like to+동사원형? 형식은 '~하고 싶어요?'라고 상대방의 희망을 묻거나 '~할래요?'라고 공손하게 권유하거나 제안할 때 쓸 수 있다. '~하고 싶다'고 자기 희망을 공손하게 말할 때는 I would like to+동사원형 형식을 이용하면 된다.

06 Would you like a drink?

한 잔 할래?

▲ Would you like+명사?는 '~은 어때요?, ~을 드릴까요?'라고 상대방에게 뭔가를 권하는 표현으로 Do you want+명사?의 공손한 표현이다. '~주세요.'라고 자기가 원하는 것을 말할 때는 I would like+명사. 형식을 쓰면 된다. 이것도 I want+명사.의 공손한 표현이다.

07 Would you care for something to eat?

뭐 좀 먹을래?

▲ Would you like something to eat?라고 할 수도 있다. care for ~는 의문문이나 부정문에서 '~을 좋아하다, 원하다'라는 뜻으로 쓰인다.

08 Why don't you ask him?

그 남자에게 물어보는 건 어때?

▲ Why don't you+동사원형?은 격의 없이 '~하는 것은 어때?'라고 제안하거나 권유하는 표현. Why not+동사원형?도 같은 의미로 쓸 수 있다. Why not call up Tom and let him know?(톰에게 전화해서 알려주면 어때?)

09 Why don't we do it like this?

우리 이렇게 하는 게 어때?

▲ Why don't we+동사원형?은 Let's+동사원형.처럼 '~하자, ~하지 않을래?'라고 제안이나 권유하거나 가볍게 명령할 때 쓸 수 있는 표현이다.

10 How about trying a new method?

새로운 방법을 시도해 보면 어때?

▲ How about+-ing? 형식도 '~하는 게 어때?'라고 제안하거나 권유할 때 쓸 수 있다. 또한 How about+명사?는 '~은 어때?'라고 상대방에게 음식 등을 권하거나 의견을 묻는 표현이 된다. How about tomorrow?(내일은 어떠니?)

11 Suppose we wait till tomorrow.

내일까지 기다려보면 어떨까.

▲ Suppose (that)+주어+동사 ~는 '~하면 어떨까?'라고 완곡하게 제안하거나 권유하는 표현이다.

12 Wouldn't it be a good idea to spend a few days in some summer resort?

어디 피서지라도 가서 며칠 지내는 것은 어떨겠어요?

▲ 이렇게 공손하게 제안하는 방법도 잘 알아두자.

01-06

Scene 02 제안이나 권유를 수락할 때

01 That's sounds great.

그거 좋은 생각이야.

02 Yes, I'd like that.

그래, 그렇게 해 줘.

03 I'm easily tempted.

난 유혹에 잘 넘어가.

01-07

Scene 03 제안이나 권유를 거절할 때

01 Thank you for asking, but I can't go.

물어봐 줘서 고맙지만 난 갈 수가 없어.

02 I'm grateful, but no thank you.
고맙지만 사양할게요.

03 I'm sorry, but I have a prior engagement.
미안해, 선약이 있어서.

04 I'm afraid I can't.
나는 못 갈 것 같아.

05 Sorry, I'm busy today.
미안해, 오늘은 바빠.

06 I hope I can go, but ~
갈 수 있으면 좋겠는데, …

07 Thank for the invitation, but I'm sorry.
초대해줘서 고맙지만 미안해.

08 Today won't work, but another day would be fine.
오늘은 안 되겠지만, 다른 날이면 괜찮아.

09 Ask me again.
다시 물어봐 줘.

10 Maybe some other time.
다음에 하자.

11 Can I take a rain check?
다음으로 미루면 안 될까?

예정 · 계획

01-08

01 I'm going to see the sights of London tomorrow.

내일 런던을 관광할 거야.

▲ be going to+동사원형은 말하기 전부터 결정되어 있는 미래의 계획이나 예정을 나타낸다.

02 I'm planning on going to Seoul.

서울에 갈 계획이야.

▲ 구체적인 계획이 세워져 있는 미래의 일인 경우 plan on+-ing을 써서 나타낼 수도 있다.

03 I'm leaving for the US next week.

나는 다음 주에 미국으로 떠난다.

▲ I'm heading to[for] the US next week.도 같은 의미다. 이처럼 현재진행형(be동사+동사원형ing)을 써서 이미 결정된 일이나 계획이 세워져 있는 미래의 일을 표현할 수 있다.

04 The meeting is scheduled to be held at 10:00 a.m.

회의는 오전 10시부터 열기로 되어 있다.

▲ be scheduled to+동사원형은 '~하기로 예정되어 있다'라는 계획, 일정이나 약속을 나타낸다. 보통 시간을 나타내는 부사와 함께 쓸 때가 많다.

05 I'm thinking of going to the beach on Sunday. Would you like to come?

일요일에 해변에 갈까 하는데 같이 갈래?

▲ be thinking of -ing는 '~할까 생각중이다.'라는 확정되지 않은 미래의 계획이나 예정을 나타낸다.

06 I'm thinking of bringing Mr. Green to see you.
언제 너에게 그린 씨를 소개해 줄까 해.

07 I think I'll tell him.
그 남자에게 말해 줄 생각이야.

▲ I think I'll ~. 형식도 예정을 말할 때 많이 쓰인다.

08 I think I'll take a shower before we go out.
외출하기 전에 샤워를 할 생각이야.

09 I rather think I'll stay for another couple of days.
2, 3일 정도 더 있을까 하는데요.

▲ rather는 '좀, 약간'의 의미로 동사와 함께 써서 동사의 의미를 약하게 한다.

10 Don't you plan to fly to Hawaii this weekend?
주말에 하와이에 안 가니?

▲ plan to+동사원형은 intend to+동사원형과 같은 뜻으로 '~할 작정이다'라는 확실한 의지를 나타낸다.

11 How long do you intend to stay in Seoul?
서울에서 얼마나 묵을 계획이니?

12 I intend to finish this work by Friday.
이 일은 금요일까지는 끝낼 작정이다.

13 What time is this plane due in London?
이 비행기는 몇 시에 런던에 도착 예정이죠?

▲ 'be due (to+동사원형)'는 '~할 예정이다.'라는 의미를 나타낸다. 예를 들면 This plane is due (to arrive) at 5 p.m.(비행기는 오후 5시 도착 예정이다.)처럼 쓴다.

14 This report is due to go to the office tomorrow morning.
내일 아침 이 보고서를 회사에 제출할 예정이다.

CHAPTER 05 의무·필요

01-09

01 I have to go now.

이만 가봐야겠어.

▲ 같은 의미로 I've got to be going. / I have to get going. 또는 I got to cruise now. / I got to leave now.도 쓸 수 있다. '~해야 한다'라는 의무나 필요는 조동사 must나 have to를 써서 나타낸다. must는 의미가 강해서 회화에서는 have to를 많이 쓴다.

02 Do I have to call him now?

내가 지금 그 남자에게 전화해야 하니?

▲ have to의 의문문은 do[does]를 이용한다. 부정문은 don't[doesn't] have to이고 '~할 필요가 없다'라는 의미이다.

03 You have to finish your homework right away.

지금 당장 숙제를 끝내야 해.

04 You have to bear in mind that I'm new at this.

내가 이 일에 경험이 없다는 것을 너는 명심해야 한다.

05 You've got to wash the dishes now.

지금 설거지를 해야 해.

▲ 회화에서는 have to와 거의 같은 의미로 have got to ~가 많이 쓰인다. have는 축약형인 've 형태로 쓰이며 have를 생략하기도 한다.

06 We've got to wrap up here.

이쯤에서 마무리 해야겠어.

07 We should call an emergency meeting.

긴급회의를 여는 게 좋겠어.

▲ should는 '~하는 게 마땅하다'라는 가벼운 의무나 권고를 나타내지만, must는 강제, 명령의 의미가 있다.

08 I need a car; my present one is pretty shot.

새 차가 필요해. 지금 차는 너무 낡았어.

▲ '~가 필요하다, ~을 원한다'고 할 때는 I need+명사. 형식을 쓰고, '~할 필요가 있다'고 할 때는 I need to+동사원형. 형식으로 말하면 된다. be shot은 '(상태가) 엉망이다'라는 의미.

09 Is there any need for me to apologize to him?

내가 그 남자에게 사과할 필요가 있니?

▲ Do I have to apologize to him?이라고 해도 같은 의미다. '사과할 필요 없어.'라는 대답은 There is no need of an apology. / There is no need for you to apologize. / You have no need to apologize.라고 하면 된다.

10 Is it necessary to get a visa for Canada?

캐나다에 가려면 비자를 받아야 하나요?

11 Your help is absolutely necessary.

네 도움이 꼭 필요해.

CHAPTER 06 허락

01-10

Scene 01 허락을 청할 때

01 May I leave my things here for a while?

잠깐 여기에 짐을 둬도 될까요?

▲ 허락을 요청할 때는 may / can / might / could 등의 조동사를 이용한다. May I ~?는 상대방에게 허락을 받겠다는 뉘앙스가 있으므로 격식을 차리거나 손윗사람에게 쓰는 것이 무난하다. 더욱 정중히 말할 때는 might를 써서 Might I ~?라고 할 수도 있지만 회화에서는 잘 쓰지 않는다.

02 Excuse me. May I join you?

실례합니다. 합석해도 될까요?

03 Can I park here?

여기 주차해도 되나요?

▲ 회화에서는 May I ~? 보다는 Can I ~?를 많이 쓴다.

04 Could I borrow this for a minute?

이거 잠깐 빌릴 수 있을까요?

▲ can의 과거형 could를 써서 Could I ~?라고 하면 공손하게 허락을 청하는 표현이 된다. 공손함의 정도는 Can I borrow this? → May I borrow this? → Could I borrow this? → Might I borrow this? → Is it all right for me to borrow this? → I wonder if I can borrow this. → Do you mind if I borrow this? → Would you mind if I borrowed this? → I wonder if I might borrow this. → Would it be possible for me to borrow this?의 순서로 증가한다.

05 Excuse me. Could I get by here, please?
Excuse me. Could you let me through here, please?
실례합니다. 여기 좀 지나가도 될까요?

06 Is it OK to put trash in here?
여기에 쓰레기를 버려도 될까?

▲ Is it OK to+동사원형? 형식으로 to+동사원형의 행동을 해도 되는지 허락을 청하는 표현이다. OK 대신에 all right를 써도 되고, to+동사원형 대신에 if+주어+동사를 써서 물을 수도 있다.

07 Is it all right for me to go for a ride?
한 번 타 봐도 될까요?

08 Is it all right if I go to the movies with Mary?
매리하고 영화 보러 가도 될까요?

09 Would it be all right if I took tomorrow off?
내일 쉬어도 될까요?

10 Would it be possible (for me) to put it off until next Monday?
그걸 다음 주 월요일까지 연기할 수 있을까요?

11 Do you mind if I smoke?
You don't mind me smoking, do you?
Would you mind if I smoked?
담배 피워도 될까요?

12 You can have a snack at 3:00.
3시가 되면 간식을 먹어도 돼.

13 You can dress casually tomorrow.
You don't have to dress up tomorrow.
내일은 간편한 복장을 해도 돼.

Scene 02 허락해줄 때

01 Sure. / Certainly. / Why not? / All right.
Yes, of course. / No problem. / OK.

그러세요.

▲ '물론이죠. 좋아요.'라고 가볍게 허락하는 것이다.

02 Please go ahead. / Please do, by all means!
Oh, yes, that's quite all right.

그러세요(괜찮아요).

03 I'm not in a position to give permission, but I think it's all right.

허락을 해 줄 위치에 있지 않지만, 괜찮을 것 같아요.

▲ 약간 격식을 차려 I can't give you permission officially, but ~.라고 대답할 수도 있다.

04 No, not at all. / No, of course not.
No, that's all right. / No, not in the least.
Certainly not! / Not in the least! / Not a bit!

네, 그러세요.

▲ 위의 표현은 모두 Do you mind if ~?에 대한 대답으로 I don't mind at all.(전혀 상관없어.)라는 의미이다. Yes, I do.[Yes, I do mind.]면 '안 돼요.'라고 허락하지 않는 게 된다.

Scene 03 허락하지 않을 때

01 No, you may not.

안 돼.

▲ May I ~?에 대해 No, you may not.은 손윗사람이 손아랫사람을 대하는 말투이다.

02 I'm afraid you can't.

미안하지만, 안 되겠어.

03 No, please don't.

아니, 그러지 마세요.

04 No, I guess not.

안 될 것 같아.

05 No, you mustn't.

안 돼.

▲ mustn't(must not)는 may not보다 강한 금지를 나타낸다.

06 I'd rather you didn't, if you don't mind.

괜찮으면, 그러지 않으면 좋겠어요.

▲ I'd rather you didn't.는 하지 말아 달라는 의미이다. Do you mind if ~?(~해도 괜찮겠어요?)에 Yes, I do mind.라고 대답하거나, Would you mind if ~?에 Yes, I would.라는 대답은 매우 직접적인 거절이므로 이런 식으로 부드럽게 말하는 것이 좋다.

CHAPTER 07 금지

01-13

Scene 01 금지할 때

01 Don't leave the lights on.

전등을 켜 놓지 마라.

▲ '~하지 마라'라고 금지할 때의 기본 표현은 Don't[Please don't]+동사원형 형식을 쓴다.

02 Please don't leave the door open.

문을 열어 놓지 마라.

▲ 부드럽게 명령할 때는 please를 쓰거나 명령문+will you? 형식의 부가의문문을 이용하면 된다.

03 Please don't talk a long time on the phone.

전화 통화 오래 하지 마라.

04 Please don't call me anymore. / Stop calling me.

나한테 전화 그만 해.

05 You aren't supposed to park around here.

여기 주차하면 안 됩니다.

▲ You must not[mustn't]+동사원형 / You should not[shouldn't]+동사원형 / You aren't supposed to+동사원형은 '~해선 안 된다'라고 주의를 주는 표현이다.

06 Don't be late.

늦지 마라.

07 Please don't do that. / Please stop doing that.

그러지 마세요.

01-14

Scene 02 금지에 대한 대답

01 Sorry. (I didn't know).

미안해. (몰랐어.)

02 OK. / I got it.

알았어.

03 All right, I won't.

알았어, 안 그럴게.

04 I'll stop right now.

지금 바로 그만둘게.

05 I'll be careful (from now on).

(앞으로는) 조심할게.

06 Please explain why.

이유를 설명해 줘.

07 Sorry, but I can't do that.

미안하지만, 그럴 수 없어.

추측

01-15

01 She may not be at home now.

그녀는 지금 집에 없을 지도 몰라.

▲ 조동사 may는 '~ 일(할)지 모른다.'라는 추측을 나타낼 때도 쓰인다. 과거형 might는 may보다 가능성이 더 낮다는 것을 나타낸다. 부정적인 추측은 may not 또는 might not을 쓰면 된다.

02 It might be true.

어쩌면 사실일지도 몰라.

03 He might have lost his way.

어쩌면 그는 길을 잃었을 지도 모르겠다.

▲ might[may] have+과거분사는 '~였을지(했을지) 모른다'는 과거 일에 대한 추측을 나타낸다. 과거의 일에 대한 부정적인 추측은 might[may] not have+과거분사로 나타낸다.

04 He must have gone. His car isn't here.

틀림없이 그는 나갔을 거야. 그의 차가 여기 없으니까.

▲ must는 '~임에 틀림없다'라는 강한 추측을 나타내는 조동사. must have+과거분사는 '~했음에 틀림없다'라는 과거의 일에 대한 강한 추측을 나타낸다.

05 He cannot do such a thing.

그가 그런 일을 할 리가 없다.

▲ can이 가능성이 희박한 추측을 나타낼 수 있다. 부정형 cannot은 '~할 리가 없다'라는 부정적인 강한 추측을 나타낸다. '~했을 리 없다'라는 과거의 일에 대한 강한 부정적인 추측은 cannot have+과거분사로 나타낸다. She cannot have said such a foolish thing.(그녀가 그런 어리석은 말을 했을 리 없어.)

06 I think it will get warm this afternoon.

오늘 오후는 포근한 날씨가 될 것 같다.

07 Perhaps[Maybe] she will show up.

아마 그녀는 올 것 같다.

▲ 분명한 의사표시를 하지 않고 '~인(할) 것 같다'는 추측은 I think ~ 외에 Perhaps ~ / I guess ~. / I suppose ~. / It seems to me ~ / It's likely ~ 등을 써서 표현할 수 있다.

08 I guess you will be very busy tonight.

너 오늘 밤에 아주 바쁘겠어.

09 I suppose[guess] it makes sense.

일리가 있는 말인 것 같아.

▲ suppose는 주관이나 사고에 근거한 추측, guess는 확실한 근거가 없는 추측을 나타낸다.

10 It is likely to snow tomorrow.

내일 눈이 올 거 같다.

▲ is likely to+동사원형은 '~할 가능성이 있다'는 미래의 일에 관한 추측을 나타낸다.

11 It is probable that he will be transferred to another section.

그는 다른 부서로 보내질 것 같아.

▲ possible→likely→probable의 순서로 가능성이 높다. It's possible, but hardly probable. (가능성은 있지만, 실제 일어날 것 같지는 않아.)

12 I imagine that you will enjoy yourself staying in Seoul.

네가 서울에서 즐겁게 지낼 것 같다.

▲ imagine도 suppose나 guess의 뜻으로 쓸 수 있다.

13 It's ten to one that Mr. Smith will win the cup.

십중팔구 스미스 씨가 우승컵을 차지할 거야.

▲ ten to one은 '십중팔구, 거의 틀림없이'라는 의미.

조언

01-16

01 You should go see a doctor.
You need to go to the hospital.

병원에 가보는 게 좋겠어.

▲ should는 '~해야 한다(의무)', '~하는 게 마땅하다(당위)'를 나타내는 조동사로 조언하거나 충고할 때도 쓸 수 있다. 조언이나 충고할 때는 You should[had better, must]+동사원형 형식으로 말한다. should는 must처럼 강제적이지 않고, had better보다 의미가 약해서 회화에 많이 쓰인다. 같은 뜻으로 should 대신에 ought to를 쓸 수도 있다.

02 You shouldn't drink too much.

과음하지 않게 조심해.

▲ '~하지 않는 게 좋겠다.'는 조동사 부정형 shouldn't나 musn't를 써서 말하면 된다.

03 Why don't you ask your friend?

친구에게 물어보지 그래?

▲ Why don't you+동사원형?은 친한 사이에 '~하는 게 어때?'라고 충고할 때 쓸 수 있다.

04 I advise you to go to the doctor.

의사를 만나보길 권한다.

05 You'd better not eat before bed.

자기 전에는 음식을 먹지 않는 게 좋다.

▲ You'd better ~는 '~해야만 한다'라는 명령에 가까운 표현이므로 손윗사람이나 친하지 않은 사이에서는 쓰지 않는 게 좋다. 부정문은 had better not+동사원형으로 not의 위치에 주의해야 한다. had better는 should나 ought to보다 의미가 강하다.

06 Wait for the right time.

때를 기다려라.

▲ 이런 식으로 명령문을 써서 직접 조언, 충고를 할 수도 있다.

07 Don't worry too much.

너무 걱정하지 마라.

08 Hurry up, or you'll miss the train.

서둘러, 그러지 않으면 열차를 놓쳐.

▲ 명령문+and[or] ~ 형식도 조언, 충고할 때 쓸 수 있다. and는 '~해라, 그러면 ~' or는 '~해라, 그렇지 않으면 ~'이라는 의미를 나타낸다.

09 It might be a good idea to talk your parents.

부모님께 얘기하는 게 좋을 것 같아요.

▲ It might be a good idea to+동사원형은 '~하는 게 좋을 것 같다.'라는 의미.

10 You might as well stay here a bit longer.

여기 좀 더 있는 게 좋겠어요.

▲ You might as well+동사원형은 '~하는 게 좋겠다.'라는 의미의 완곡한 표현이다.

11 Suppose we ask his advice?

그에게 조언을 구해보면 어떨까?

▲ Suppose ~?는 '~하는 건 어떨까?, ~하면 어떤가?'라고 완곡하게 조언, 충고하거나 제안하는 표현이다.

12 I don't think you should take everything so seriously.

모든 일을 그렇게 심각하게 생각하지 않는 게 좋겠어.

▲ I think (that) ~은 강한 단정을 피하며 자기 의견을 분명히 말할 때 쓸 수 있다. 부정문은 I don't think ~로 보통 영어에서는 부정어를 문장의 앞부분에 쓴다.

PART 02 감정 표현

Chapter 1 감사
Chapter 2 사과
Chapter 3 축하·기원
Chapter 4 칭찬
Chapter 5 기쁨·슬픔, 외로움
Chapter 6 만족·불만
Chapter 7 성냄
Chapter 8 놀람
Chapter 9 동정, 위로·조의

mp3
02–01
~
02–15

감사

02-01

Scene 01 고맙다고 할 때

01 Thank you. / Thanks.

고마워요.

02 Thank you very[so] much.

Thank you very much, indeed.

Thanks a lot[million]. / Thanks very much.

Many thanks. / A thousand thanks.

정말 고마워요.

03 Thank you for your kind help.

Thank you for helping me. / Thanks for your help.

도와줘서 고마워요.

▲ 구체적인 행위에 대한 고마움은 Thank you for ~. 형식을 이용한다. '수고해줘서 고마워요.'는 Thank you for your trouble. / Thank you for all the trouble you've taken.이라고 하면 된다.

04 It's very kind of you. Thank you very much.

Thank you for your kindness.

친절에 감사드려요.

05 Thank you very much for everything.
Thank you for all your kindness.
여러 가지로 고마워요.

06 Thank you, anyway. / Thank you all[just] the same.
어쨌든 고마워요.

▲ '호의만으로도 감사합니다.'라고 마음을 전하는 표현이다. 또한 여성들이 자주 쓰는 감사의 인사로 That's very sweet of you.(고마워요.) / You're always so nice to me.(항상 친절히 대해 줘서 고마워요.) 등이 있다.

07 I'm very[really] grateful to you.
I'm (very) much obliged to you.
정말 감사합니다.

▲ 격식을 차려 정중히 인사할 때는 grateful[thankful] / obliged 등의 말을 이용한다.

08 I'd appreciate it if you'd do so.
We should be much obliged if you would do so.
그렇게 해 주신다면 정말 감사하겠습니다.

▲ 정중히 감사를 표할 때는 appreciate(감사하다)을 이용해서 I appreciate it very much.(정말 감사드립니다.)라고 할 수도 있다.

09 I have no words to thank you.
I don't know how to thank you.
I don't know how to express my thanks.
I can't thank you enough (for what you have done for me).
어떻게 감사의 인사를 드려야 할 지 모르겠네요.

▲ 이런 식으로 정중하게 감사를 표할 수도 있다.

02-02

Scene 02 감사의 인사에 대한 대답

01 Not at all. / Don't mention it.
You are (quite) welcome. / That's OK.

천만에요.

▲ Thank you.에 대한 가장 일반적인 대답이다.

02 Don't mention it. I'll be pleased to help you any time.

천만에요. 언제든 기꺼이 도울게요.

03 No trouble at all. Please don't thank me.

전혀 어려운 일도 아닌데요. 고마워하지 않아도 돼요.

04 No, thank you.

오히려 제가 고맙죠.

▲ 상대방의 Thank you.에 Thank you.라고 you를 강하게 발음하면 된다.

05 The pleasure is mine. / It was a pleasure for me.
It's my pleasure.

제가 좋아서 한 일인데요.

CHAPTER 02 사과

02-03

Scene 01 사과할 때

01 **Sorry. / I'm sorry.**

미안해요.

▲ I'm sorry.는 '안 됐네요.'라는 동정의 의미로도 쓰인다. 길에서 상대방을 밀쳤거나 앞을 지나갈 때는 I'm sorry.가 아니라 Excuse me.라고 한다.

02 **I'm so[very, terribly, truly] sorry.**

정말 미안해요.

03 **Sorry I'm late. / Sorry for being late.**

늦어서 미안해.

▲ 사과 표현은 ①Sorry 뒤에 that을 쓰고 I를 사용해서 문장을 그대로 말하는 방법. 이 경우 that은 생략할 수 있다. ②I'm sorry for ~ / I apologize for ~ 형식을 쓰는 방법. for 뒤의 동사는 -ing 형태로 쓴다. ③Sorry to+동사원형을 써서 표현하는 방법 ④Sorry about+명사 등의 네 가지 방법이 가능하다.

04 **I'm terribly sorry that I didn't show up.**

약속에 가지 않아서 정말 미안해요.

05 **Sorry to have kept you waiting.**

기다리게 해서 미안해.

06 Sorry I lost the papers. / Sorry for losing the papers.
서류를 잃어버려서 미안해.

07 Sorry about the other day.
지난번에는 미안했어.

08 I'm sorry. I take back what I have said.
미안해. 그 말 취소할게.

09 I apologize (from the bottom of my heart).
(진심으로) 사과드립니다.

▲ I apologize.는 격식을 차린 정중한 사과 표현이다.

10 I apologize for troubling you.
폐를 끼쳐 죄송합니다.

11 I deeply apologize for hurting your feelings.
기분을 상하게 해드려서 정말 죄송합니다.

12 Please accept my apology.
사과를 받아주세요.

13 Forgive me.
용서해 주세요.

02-04

Scene 02 사과에 대한 대답

01 Don't worry about it. / That's all right. / It's okey.

괜찮아요.

02 It doesn't bother me. / I don't mind.

상관없어요.

03 I know.

알겠어요.

04 I was also to blame.

나도 잘한 것이 없죠.

05 It's nobody's fault.

누구 잘못도 아니에요.

06 Be careful next time.

다음부터 조심해요.

07 I'll never forgive you.

널 절대 용서하지 않을 거야.

CHAPTER 03 축하·기원

Scene 01 축하

02-05

01 Happy New Year!
새해 복 많이 받아!

▲ 신년, 크리스마스, 생일에는 Congratulations를 쓰지 않고 Happy ~.를 써서 나타낸다.

02 Merry Christmas! / Happy Christmas!
메리 크리스마스!

03 Happy birthday (to you)! / Many happy returns.
생일 축하해.

04 Happy 30th birthday!
30살 생일 축하해!

05 Congratulations!
축하해!

▲ 결혼, 출산, 졸업, 취직 등의 축하는 Congratulations를 써서 나타낸다. 어미 -s를 빠뜨리지 않도록 주의한다.

06 Congratulations on your graduation[promotion]!
졸업(승진) 축하해!

07 I heartily congratulate you on the birth of your son.

아들을 갖게 된 것을 진심으로 축하해.

08 Please accept my sincere congratulations on your marriage.

당신의 결혼을 진심으로 축하드립니다.

09 It's great that you've found a job.
I'm so glad to hear that you've found a job.

취직을 했다니 잘됐다.

10 This is the greatest possible news.
This is the best news I've ever heard.
I've never heard anything so wonderful.

그거 정말 기쁜 소식이네요.

02-06

Scene 02 기원

01 I wish you happiness. / I hope you'll be happy.
The best of luck!

행복하길 바라.

▲ 기원이나 희망 등은 I wish you+명사 또는 I hope (that)+주어+동사 형식을 써서 표현한다.

02 I wish you good luck in your work.

일이 잘 되길 바라.

▲ '고마워. 너도!'라고 대답할 때는 Thank you, the same to you! / Thanks a lot. And you, too! / Thank you. You, too! 등의 표현을 써서 말하면 된다.

03 I wish you good health.

건강하길 바라.

04 I wish you success and prosperity.

성공과 번영을 기원합니다.

05 Cheers! / Bottoms up!

건배!

06 To health and prosperity for all. Cheers!

모두의 건강과 행복을 기원하며. 건배!

07 Here's to you! / To your future!

당신을 위하여!

▲ 축하 파티 등에서 건배할 때 쓰는 표현.

칭찬

02-07

01 Fantastic! / Great! / Fabulous! / Terrific!
Wonderful! / That's great!

멋지다!

▲ 칭찬할 때 일반적으로 쓸 수 있는 표현이다.

02 It's gorgeous!

멋지다!

▲ 보통 디자인이나 예술품 등을 칭찬하는 표현이다.

03 How wonderful! / That's wonderful!

멋져요!

▲ 다소 격식을 차려 칭찬할 때는 이렇게 말하면 된다.

04 (Gee,) You're good.

(와,) 너 멋지다!

▲ 상대방을 직접 칭찬하는 표현이다. Gosh, you're good. / Wow, you're good.처럼 감탄사와 함께 쓸 수도 있다.

05 You sure can paint!

너 진짜 그림 잘 그리는구나!

06 You sure know how to play basketball!

너 진짜 농구 좀 아는구나!

07 You did a fantastic job!

정말 잘했어!

▲ Good[Great] job!이나 Well done!도 상대방의 재능이나 일을 칭찬하는 표현이다.

08 You're brilliant!

너 머리가 정말 좋다!

▲ You're so talented!(넌 참 재능이 있어!) / You're a genius!(넌 천재야!) / You're amazing! (넌 정말 놀라워!) / You're incredible!(넌 참 대단해!) / You're awesome!(굉장한데!)

09 I can't believe you did this!

네가 이 일을 했다니 못 믿겠어!

▲ I had no idea you were so talented!(너한테 그런 재능이 있는지 전혀 몰랐어!)

10 Did you really do this?

정말 이걸 네가 했니?

11 How did you do it?

어떻게 이걸 했어?

12 Where did you learn to do something like this?

어디서 이런 걸 배웠니?

CHAPTER 05

기쁨·슬픔, 외로움

02-08

기쁨

01 I'm so glad.

I'm very pleased[happy/delighted].

정말 기쁘다.

▲ 감정이나 기분은 동사 feel을 써서 I feel+형용사. 형식으로 표현할 수 있다. I'm+형용사. 형식도 감정이나 상태를 표현할 때 많이 쓰인다. 기쁨을 나타내는 형용사로는 glad / happy / pleased 등이 있다.

02 I'm feeling good[fine].

That makes me feel wonderful.

기분 좋다.

▲ That is terrific! / That's great! / Marvelous! / Good! 등도 기쁠 때의 표현이다.

03 Fantastic!

정말 재미있겠다!

▲ 기쁜 소식이나 제안을 받았을 때는 이외에 How exciting! / How wonderful! / Sound great. 등의 표현을 써서 기쁜 감정을 나타낼 수 있다.

04 I'm beside myself with joy.

너무 기뻐서 어쩔 줄 모르겠어.

05 I'm walking on air. / I'm on top of the world.
너무 기분이 좋아서 구름 위를 걷는 것 같아.

06 I'm happy as can be. / I couldn't be happier.
말할 수 없이 기쁘다.

07 Nothing could make me happier.
이렇게 기쁜 일은 없을 거야.

08 Thank God! / Thank Heaven!
정말 다행이다.

09 I made it! / I did it!
내가 해냈어!
▲ 일이 잘 되었을 때의 기쁜 마음을 나타내는 표현이다.

10 You look like you just won the jackpot.
너 무슨 복권에라도 당첨된 것 같아.

02-09

Scene 02 슬픔, 외로움

01 I'm sad. / I feel sad.
슬프다.

02 I'm so sad I can't stop crying.
너무 슬퍼서 눈물이 멈추지 않아.

03 I feel like heart is torn.
마음이 찢어지는 것 같아.

04 That's too bad.

정말 안됐어.

05 I feel like crying.

울고 싶어.

06 I feel lonely. / I'm lonely.

외로워.

07 I can't tell you how lonely I am.

말로 표현할 수 없을 만큼 외로워.

08 I miss you.

네가 보고 싶어.

09 It is lonely being on my own.

혼자 있으니까 외로워

10 She seems lonely.

그녀는 외로운 것 같아.

11 I have friends, so I never feel lonely.

나는 친구들이 있어서 절대 외롭지 않아.

CHAPTER 06 만족·불만

Scene 01 만족

02-10

01 I'm satisfied.

만족해.

▲ '~에 만족한다.'는 I'm happy with ~. 구문을 써서 말할 수 있고, 반대로 '~에 불만이다'는 I'm not happy with ~.를 쓰면 된다. We're happy with the way our lives are going.(우린 현재의 삶에 만족한다.)

02 That's enough for me. / Enough!

그걸로 충분해.

03 That's[It's] perfect. / It's just right.
Perfect! / You outdid yourself.

완벽해.

▲ outdid yourself는 '실력 이상으로 해내다'라는 뜻.

04 Wonderful.

훌륭해.

05 It's beyond reproach. / You did flawlessly.
Impeccable work!

나무랄 데가 없어.

06 That's the way to go. / That's the way.

바로 그렇게 하는거야!

▲ Way to go!(잘 한다!)

07 Excellent.

아주 좋아.

08 There's nothing I can add. / I have nothing to add.
I've got no complaints.

덧붙일 게 없어.

Scene 02 불만

02-11

01 How terrible! / How very annoying!
It's simply horrible.

정말 싫어!

▲ 불쾌한 감정을 나타내는 형용사로 terrible / horrible / awful; annoying / boring(지겨운); disgusting / nauseating(매우 싫은) 등이 있고 이런 말을 써서 불만을 나타낸다.

02 How boring! I can't stand that.
What a bore! I can't bear it any more.

지겨워! 더는 못 참겠다.

03 I'm sick and tired of it. / I'm fed up with it.
I've had enough of it. / Enough of that!

정말 신물이 난다!

04 It's really stressful!

정말 스트레스 쌓인다!

05 What a shame!

너무하군!

▲ '너무하다, 치사하다'라는 기분을 나타낸다.

06 You're very annoying.

너 참 신경에 거슬리네.

07 For Christ's sake, will you stop criticizing others?

제발 좀 남을 헐뜯지 말아 줄래?

08 What a nuisance! / How troublesome!
What a bother!

정말 귀찮아!

09 What makes you so displeased?

뭐가 그렇게 못마땅해?

성냄

02-12

01 Are you angry?
화났니?

02 Are you angry at me? / Are you furious with me?
나한테 화났니?

▲ Are you angry with me?라고 해도 된다.

03 Are you still angry? / Are you not over it yet?
아직도 화났니?

▲ Is it still bothering you?(아직도 화가 났어?)

04 This is so irritating! / This is getting irritating!
This is making me irritated!
이거 정말 짜증나!

▲ 같은 의미로 This is frustrating! / This is getting on my nerves! 등도 쓸 수 있다.

05 I can't take much more of this!
I've reached my limit!
I can't take any more of this!
I have had it up to here!
더는 못 참겠어!

▲ I've had it.도 '더는 못 참겠다, 지긋지긋하다'라는 의미로 쓸 수 있다.

06 You're making me angry!
너 때문에 화가 나!

07 I have had it up to here with you!
너라면 진절머리가 나!

08 I'm so angry[upset]!
나 굉장히 화났어.

09 I'm furious with you!
I'm so upset with you!
나 너한테 굉장히 화났어.

10 My blood is boiling!
피가 부글부글 끓어!

11 This has really made me upset!
이게 진짜 열 받게 하네!

▲ This has really got me upset!이라고 해도 된다.

12 Don't lose your temper.
화내지 마.

13 Take it easy. / Calm down.
Settle down. / Cool off!
진정해.

놀람

02-13

01 I was surprised to hear that.

그 소식을 듣고 놀랐어.

▲ surprise / astonish / startle / shock / scare / frighten 등의 동사는 '(상대방을) 놀라게 하다'라는 타동사이므로 자기가 놀란 경우에는 수동태로 써야 한다.

02 Whoa! I'm shocked. / What a surprise!

와! 놀랐어.

03 Unbelievable! / I can't believe it.

믿을 수가 없어!

▲ '믿을 수 없는, 놀라운'이라는 의미의 unbelievable / incredible 또는 impossible(있을 수 없는) 등의 형용사도 놀람을 나타낼 때 많이 쓰인다.

04 No way!

말도 안 돼!

▲ No kidding! / Are you kidding me? / You're kidding. 등도 '설마 그럴라고!'라는 강한 놀람을 나타내는 표현이다.

05 What a shock! / Holy cow! / Wow!

정말 충격적이야!

06 Don't surprise me.
Don't scare me like that.

놀라게 하지 마.

07 I thought I was going to have a heart attack!
심장이 멎는 줄 알았어!

08 Something surprising happened.
놀랄만한 일이 일어났어.

09 I had no idea he was so good at baseball.
그가 그렇게 야구를 잘하는 줄 몰랐어.

10 To my surprise, the house was entirely empty.
놀랍게도 그 집은 텅텅 비어 있었어.

11 I am not easily surprised.
Nothing surprises me.
별로 놀랄 일이 아니야.

12 What was so shocking?
뭐가 그렇게 충격적이었니?

13 Sorry to surprise you.
Sorry I scared you.
놀라게 해서 미안해.

동정, 위로·조의

02-14

Scene 01 동정, 위로

01 I feel sorry for you. / You poor thing.

참 안됐다.

02 I'm so sorry. / That is really terrible.

I feel for you. / I sympathize.

정말 안됐다.

▲ feel for ~는 '~을 불쌍히 여기다, 동정하다'라는 의미.

03 I know how you feel.

네 심정 잘 알아.

04 Don't worry about it.

It is nothing to worry about.

걱정할 것 하나도 없어.

05 This happens a lot.

흔히 있는 일이야.

06 It's nothing. / It isn't a big problem.

별거 아니야.

07 It's just bad luck.
그냥 운이 나빴을 뿐이야.

08 That's life.
사는 게 그런 거지.

09 It wasn't your fault.
네 잘못이 아니야.

10 It will work next time.
다음에는 잘 될 거야.

11 I'm on your side.
난 네 편이야.

12 Don't cry.
울지 마.

13 Wipe your tears. / Dry your eyes.
눈물을 닦아.

14 There's still some hope.
아직 희망이 있어.

15 Things will start looking up eventually.
머지않아 좋은 일이 있을 거야.

16 It will work itself out.
시간이 해결해줄 거야.

02-15

조의

01 My condolences.

명복을 빕니다.

▲ congratulation(경사)와는 달리 condolence(조사, 애도의 말)는 복수형으로 쓴다.

02 Please accept my condolences.

I'm sorry for your loss.

삼가 조의를 표합니다.

03 I can't find the words to say how sorry I am.

I can't tell you how sorry I am. / I have no words.

뭐라고 해야 할지 모르겠습니다.

04 You have my (deepest) sympathies. / My sympathies.

정말 안 됐습니다

05 Let me know if I can do anything.

Let me know if there is anything I can do.

Don't hesitate to let me know if there is anything I can do.

내가 할 수 있는 일이 있으면 뭐든 말하세요.

06 Whatever you need, just say it!

필요한 게 있으면 뭐든 말만 해!

07 Every cloud has a silver lining.

괴로운 일이 있으면 즐거운 일도 있어요.

▲ 힘든 시기는 마음먹기에 달렸다는 Time heals all wounds.(시간이 약이다.) / This too shall pass.(이 또한 지나가리라.) / When God closes a door, He opens a window.(하늘이 무너져도 솟아날 구멍은 있다.) 등의 위로 표현도 알아두자.

PART 03

인간관계

Chapter 1 인사
Chapter 2 소개
Chapter 3 대화하기
Chapter 4 기본적인 질문 · 대답
Chapter 5 이야깃거리
Chapter 6 연애 · 결혼
Chapter 7 의식

mp3
03-01
~
03-57

인사

03-01

Scene 01 일상의 인사

01 Good morning[Morning]. 《오전 인사》
Good afternoon. 《오후 인사》
Good evening. 《저녁 인사》
안녕하세요.

02 It's good to meet you. / I'm glad to meet you.
How do you do?
안녕하세요(처음 뵙겠습니다).
▲ 처음 만난 사람에게 하는 공손한 인사이다.

03 Hi. / Hello.
안녕.
▲ 친한 사람을 만났을 때의 인사. 헤어지고 바로 다시 만났을 때는 Hello again.이라고 인사한다.

04 Hey. / Yo. 《젊은 남성들이 자주 쓰는 인사》
이봐.

05 How are you doing? / How are you?
어떻게 지내니?

06 Have a good day. / Bye. / See you tonight.
잘 갔다 와.

07 Welcome home.
다녀왔어요.

08 Good night. / Have a good night's sleep. / Sleep tight.
잘 자요.

09 I'll be going now / It's time for me to go now.
이만 가봐야겠어.

10 Good bye. / Good bye and good luck.
See you. / Bye.
잘 있어(잘 가).

11 Be careful. / Take care. / Take care of yourself.
건강 조심해

12 See you later. / Until next time.
I'm looking forward to seeing you again.
나중에 봐.

03-02

오랜만에 만났을 때의 인사

01 It sure has been awhile, hasn't it?
정말 오랜만이지?

02 Time sure flies. / How quickly the years go by!
세월 참 빠르다.

03 I guess we haven't seen each other since the reunion.
동창회 때 보고 아마 처음이지.

04 It's been 10 years, hasn't it? / What's it been, 10 years?
10년만이지?

05 How've you been since I saw you last?
What have you been up to? / How have you been?
그동안 어떻게 지냈어?

06 How is everything going? / How are you feeling?
어떻게 지내?

07 What are you up to these days?
요즘 어떻게 지내?

▲ be up to ~는 '~을 하고 있다, 종사하고 있다'라는 의미. 대답으로는 Nothing much. 또는 The same old thing.(별일 없다.) 등이 자주 쓰인다.

08 How's your health?
건강은 어때?

09 How is work coming along?
하는 일은 어때?

10 Is your family all doing well?
가족들은 잘 지내지?

11 How is your grandfather?
할아버님은 잘 계시지?

12 How old are your children now?
아이들은 지금 몇 살이나 됐니?

13 I'm sorry not to have been in touch for so long.
I really should apologize for having been out of touch.
I'm really sorry not to have kept in touch.
오랫동안 연락을 못해 정말 미안해.

14 You haven't changed a bit.
너 하나도 안 변했구나.

15 I never expected to see you here.
널 여기서 볼 줄은 정말 몰랐어.

03-03

Scene 03 인사에 대한 대답

01 I'm fine, thank you, and how are you?
Just fine, thank you. And you?
I'm very well, thank you, and how are you?
Pretty well, thank you. And you?
No problems. Are you well?
(덕분에) 잘 지내요. 당신은 어때요?

▲ How are you?나 How's it going?에 대한 대답.

02 Alive and kicking.
건강하게 잘 지내고 있어.

▲ alive and kicking은 '원기 왕성한'이란 의미. Is your brother still alive and kicking?(형님은 여전히 잘 계시지?)처럼 쓴다. Fine, thank you. 외에 이런 표현도 알아두자.

03 Oh, like always.

늘 똑같지 뭐.

▲ 이외에 같은 의미로 Oh, as usual. / Oh, as always.도 쓸 수 있다.

04 Nothing special. / Nothing much.

별일 없어.

▲ What's up? / What's happening?(요즘 어때?)에 대해 '별일 없다, 특별한 것 없다'라고 하는 것.

05 Not too bad.

괜찮은 편이야.

06 Getting by. / Been getting by.

그럭저럭 지내.

07 Keeping busy.
Been keeping myself busy.

바쁘게 지내고 있어.

08 Not too well, I'm afraid I have a slight headache.

별로 안 좋아, 머리가 좀 아픈 것 같은데.

▲ 몸 상태가 안 좋을 때의 대답 예.

03-04

Scene 04 안부를 전할 때

01 Say hello to Bill for me.

빌에게 안부 전해줘.

▲ 이에 대한 대답은 Thank you. I certainly will.(꼭 전할게.) / Thanks, I will. Yours too.(그럴게. 너도 안부 전해줘.) 등으로 하면 된다.

02 Please say hello to your sister.

여동생에게 안부 전해줘.

03 Kind regards to your father.

아버님께 안부 전해 주세요.

▲ regards는 '경의, 안부 인사'를 말한다.

04 Please give your parents my regards.

부모님께 안부 전해 줘.

05 Please give my love to Mary.

메리에게 안부 전해줘.

06 Give Nancy my best.

낸시에게 안부 전해줘.

07 Please remember me to Professor Young.
Please give my regards to Professor Young.
Please send my best wishes to Professor Young.
Will you convey my regards to Professor Young?

영 교수님께 안부 전해 주세요.

▲ 다소 격식을 차려 안부를 전하는 표현이다.

08 I happened to see Mr. White yesterday. He sent you his regards.

어제 우연히 화이트 씨를 만났는데 당신한테 안부를 전하더군요.

▲ '네게 안부를 전했다'는 He said hello to you.라고 해도 된다.

소개

03-05

자기 소개

01 I don't think I've seen you before.
처음 뵙는 분 같은데요.

02 I don't think we've met before.
We haven't met before, have we?
우리 만난 적이 없는 것 같은데요.

03 I don't think we've been introduced.
우리 서로 인사한 적이 없는 것 같네요.

04 Let me introduce myself, then. / May I introduce myself?
Perhaps I should introduce myself.
Please allow me to introduce myself.
그럼, 제 소개를 하겠습니다.

05 I'm Jinho. / My name's Jinho.
저는 진호라고 합니다.

06 Mina Lee. May I ask your name?
이미나라고 해요. 성함을 여쭤봐도 될까요?

07 My name is Minho. I'm from Seoul in Korea.
제 이름은 민호입니다. 한국 서울에서 왔어요.

▲ 자기소개를 한 뒤에는 출신, 가족, 취미, 직업 등을 말해주는 게 좋다.

08 Please tell me Tony.
토니라고 부르세요.

09 Here's my card. Could I have yours?
여기 제 명함입니다. 명함 좀 받을 수 있을까요?

▲ '명함'은 name card / visiting card / business card라고 하며 간단히 card라고도 할 수 있다.

03-06

Scene 02 소개

01 Do you two know each other?
두 사람 서로 인사했니?

02 Mr. Ford, I don't think you've met Miss Parker.
포드 씨, 파커 양과 인사를 안 한 것 같은데요.

03 I want[I'd like] you to meet Mr. Jackson.
May I introduce you to Mr. Jackson?
Let me introduce you to Mr. Jackson.
잭슨 씨를 소개할게요.

04 Mrs. Smith, I'd like you to meet Mr. Ford. He's a colleague of mine.
스미스 부인, 포드 씨를 소개할게요. 제 직장 동료예요.

▲ a friend of mine I've been telling you about(내가 늘 얘기했던 친구) / a new friend from Canada (캐나다에서 온 새 친구) 등으로 소개하는 사람과의 관계도 설명한다.

05 Mary and I have known each other since we were at primary school.

메리와는 초등학교 때부터 아는 사이야.

06 Mr. White, this is Dr. Adams, my family doctor.

화이트 씨, 이분은 우리 가족 주치의이신 아담스 박사님이세요.

▲ 다른 사람에게 소개할 때에는 He's(She's) ~라고 하지 않고 This is ~를 쓴다.

07 Fred, my friend, Minho.

프레드, 내 친구 민호야.

▲ 이런 방식으로 이름만 분명히 말해 줄 수도 있다.

08 Harry, meet my wife.

해리, 우리 집사람하고 인사해.

09 From right to left, Mr. Long, Miss Park, Miss Kim and Mr. Harrison.

오른쪽에서 왼쪽으로 롱 씨, 미스 박, 미스 김, 해리슨 씨입니다.

▲ 여러 명을 소개할 때의 예이다. 이외에 In order of age(나이순으로) / In alphabetical order(알파벳 순으로) 등도 알아두자.

10 Ladies and gentlemen, I'd like to present Professor Smith.

신사 숙녀 여러분, 스미스 교수님을 소개합니다.

▲ 한 사람을 대중에게 소개할 때의 예이다. 청중에게 강연자를 소개할 때는 Let me introduce you to our guest speaker, Dr. Stevens.(초대 강사인 스티븐스 박사님을 소개합니다.)라고 한다.

11 I wonder if you'd mind introducing me to your sister. I'd like to meet your sister.

당신 여동생을 소개해 줄 수 있을까요. 여동생과 인사하고 싶은데요.

▲ 소개받고 싶은 사람이 있는 때 공손하게 요청하는 표현이다.

CHAPTER 03 대화하기

03-07

Scene 01 부를 때

01 Excuse me. You dropped this.
잠깐만요. 이거 떨어뜨렸어요.
▲ Excuse me.는 말을 걸 때의 가장 일반적인 표현이다.

02 Excuse me. Can I ask you a question?
Excuse me. I have a question to ask.
저기요. 뭐 하나 물어봐도 될까요?

03 Hey, hold on a minute. / Could you wait a second?
저기, 잠깐만요.

04 What are you guys doing here?
너희들 여기서 뭐해?

05 Attention, everybody!
여러분, 주목해 주세요!

06 I'll give you a discount. 《상점에서》
손님, 싸게 드릴게요.

07 Don’t forget your change, sir. 《거스름돈 받는 걸 잊고 가는 손님에게》

손님, 거스름돈 가져가셔야죠!

08 Hey, do you have a minute?

저기, 잠깐 시간 좀 있어?

▲ 친한 사이의 매우 격의 없이 말을 거는 표현이다. 모르는 사람에게 Hey!는 실례이므로 Excuse me.를 사용한다.

03-08

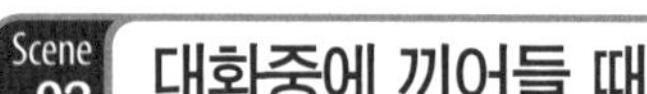

Scene 02 대화중에 끼어들 때

01 Excuse[Pardon] me, but ~

I’m sorry, but ~ / Sorry to bother you, but ~

실례지만 ~

▲ 아는 사이든 모르는 사이든 말을 걸 때의 가장 일반적인 표현이 Excuse me, but ~이다. 대화 도중에 끼어들 때도 이렇게 말을 시작하는 것이 예의다.

02 Excuse me for interrupting, ~.

말씀 중에 죄송한데요, ~.

03 Wait a minute.

잠깐만요.

04 Are you busy right now? / Do you have some time?

Are you in the middle of something?

Am I interrupting you?

지금 바쁘니?

▲ Am I interrupting you?는 ‘방해하는 거 아니죠?’라는 뉘앙스다.

05 Don't interrupt the flow of conversation.
대화의 흐름을 끊지 말아줘.

06 Don't butt in.
끼어들지 마라.

03-09

Scene 03 화제를 꺼낼 때

01 Well, ~ / Uhh, ~
저, ~

02 I have something to talk to you about.
We need to talk.
우리 얘기 좀 해야겠어.

03 There's something I want to talk to you about.
할 말이 좀 있어.

04 I have something I want you to hear.
There's something you need to hear.
너한테 해줄 말이 있어.

05 Can we talk? / Can I talk to you?
우리 얘기 좀 할까?

06 I want to consult with you about something.
I need your advice on something.
너하고 몇 가지 상의할 게 있어.

07 I wonder if I can get your advice on something.

네 조언을 좀 들을 수 있을까.

08 Actually, ~

Do you know something?

실은 저, ~

▲ 두 번째 문장은 '너 그거 아니?'라는 뉘앙스가 있다.

03-10

Scene 04 화제를 바꿀 때

01 By the way, ~ / Changing the subject, ~

그건 그렇고, ~

▲ By the way, ~ / Now, ~ / Incidentally, ~ / Well, ~. 등은 '그래서, 그건 그렇고 ~'라고 화제를 이어가는 표현.

02 Incidentally, I saw Jack last Tuesday.

그건 그렇고, 지난 화요일에 잭을 봤어.

▲ Incidentally는 '그런데, 말이 난 김에 말인데'라는 연결어로 쓰인다.

03 By the way, whatever happened to that plan?

그런데, 그 계획은 어떻게 됐어?

04 Aside from that, though, what are you going to do about our trip?

그것은 그렇다 치고 우리 여행은 어떻게 할 거니?

05 Let's set that issue aside for now and get back to the main topic.

그 문제는 일단 접고 본론으로 들어가자.

06 Yeah, but even so, that really surprised me.
그래, 그건 그렇다 쳐도 난 정말 놀랐어.

07 Aside from that, what are we doing for our summer vacation?
그것은 그렇다 치고 여름휴가 때 우리 뭐할까?

08 Oh, that reminds me. I wonder what would make a good birthday present for mom.
아, 그래서 생각이 났는데 어머니 생신 선물로 뭐가 좋을까.

09 This isn't related to what we were talking about, but our son is running a fever.
이건 관계없는 얘긴데, 우리 아들이 열이 나네.

▲ be related to ~는 '~와 관계가 있다'

10 Now that you mention it, I heard this news from him.
말이 나와서 그런데 그 남자가 이런 말을 했어.

11 Speaking of vegetables, eggplant is growing in our garden.
야채 이야기가 나와 그러는데 우리 집 정원에 가지가 자라고 있어.

▲ speaking of ~는 '~에 관해 말한다면'.

03-11

Scene 05 말이 막혔을 때

01 Well, ~ / Let me see. / Let's see. / Let me think about it.
Well, now, let me see. / Well, let me see, now.
그러니까, ~

▲ 대화 도중에 말이 막혔을 때의 표현. Well은 망설임이나 의심을 나타내는 말로 별다른 의미는 없다. let me see는 '저, 말이지, 가만 있자.'라고 무엇을 기억하려 하면서 말을 이어가는 표현이다.

02 Well, let me see, any time except Sunday afternoon.
저, 그러니까, 일요일 오후만 아니면 언제든 좋아.

03 Well, let me see. A couple of months ago, I suppose.
어, 그러니까, 2, 3개월 전일 거야.

04 Let's see, where did I leave the dictionary?
어디 보자, 내가 사전을 어디 두었지?

05 Well, I hadn't thought about it... let me think about it.
저, 그건 생각 안 해봤는데… 생각 좀 해보고.

06 Wait a minute. ~ / Just a second. ~
잠깐만. ~

▲ 이것도 말이 막혔을 때 말을 이어가기 위한 표현으로 쓸 수 있다.

07 Please lend me some money, say, ten thousand won, could you?
돈을 좀 빌려 줘. 그러니까 만 원 정도 될까?

▲ ~say~는 '그러니까, 말하자면'이라는 의미로 문장에 삽입해서 쓴다.

08 What was I going to say? Ah, yes ...
내가 무슨 말을 하려고 했더라? 아, 그래 …

09 Let me see, where was I?
그러니까, 내가 어디까지 얘기했지?

▲ 말이 중단되고 나서 어디까지 말했는지 몰라서 물어보는 것이다.

03-12

Scene 06 이해했는지 확인할 때

01 Do you understand? / Can you follow me?
Can't you understand me?
내 말 알겠니?
▲ 내 말을 잘 이해했는지 확인하는 표현. 짧게 Understood? / Understand?라고만 해도 된다.

02 Can you make out what I'm saying?
Can't you get what I'm saying?
Isn't my meaning clear?
Have I made myself clear?
You know what I mean?
내가 무슨 말을 하는지 알겠니?

03 Are you sure you understand?
Can you understand me now?
I hope that's clear now.
이제 알아듣겠니?

04 Is this all right?
이제 됐니?

03-13

Scene 07 이해했다고 할 때

01 I see.
알겠어.

02 Oh, I see! Thanks. I understand now.
Yes, I understand you perfectly, thanks.
That's quite clear now, thank you.
I quite understand now. Thank you.
Thank you. I've got that perfectly.
아, 이제 알겠어. 고마워.

03-14

Scene 08 다시 말해 달라고 할 때

01 Huh?
뭐?

02 Pardon me? / Excuse me? / Sorry?
뭐라고?
▲ 가볍게 Hm?이라고 해도 된다.

03 What did you say?
뭐라고 했어?

04 I'm sorry. What did you just say?
미안해요. 방금 뭐라고 했어요?

05 Did you just say something?
방금 뭐라고 했어요?

06 Pardon me, but could you say that again, please?
죄송하지만 그걸 다시 한 번 말씀해 주시겠어요?

07 Pardon me, but would you mind repeating that for me, just to make sure?

죄송하지만, 확인을 위해 그걸 다시 한 번 말씀해 주시겠어요?

08 Sorry. You were talking to me, weren't you?
Sorry. Were you talking to me?

미안해. 나한테 말하는 거였니?

09 I didn't hear what you just said.

방금 뭐라고 했는지 못 들었어.

03-15

Scene 09 특정한 말을 다시 물을 때

01 What's the meaning of ~ ?
Could you explain the word ~ to me?
Could you explain what ~ means?

~의 뜻은 뭐니?

▲ ~ 부분에 모르는 말을 넣어 말하면 된다.

02 What was the last word?

마지막 말이 뭐였니?

03 I don't understand the meaning of the last sentence.

마지막 문장의 의미를 모르겠어.

04 Adam what?

아담 뭐라고?

▲ 말의 일부를 못 들은 경우 그 부분에 what을 넣어 다시 묻는 것이다.

05 Pardon? He majored in what?

뭐라고? 그가 뭘 전공했다고?

06 What do you mean by 'toastmaster'?

toastmaster가 뭐니?

▲ toastmaster(연회의 사회자)라는 말을 모를 때 묻는 표현이다.

07 How do you spell it? / How is it spelt?
How's this word spelt?

그거 철자가 어떻게 돼?

03-16

Scene 10 맞장구

01 I know (what you mean). / Yeah.

정말 그래.

02 That's how it looks. / It looks that way.

그런 것 같아.

03 You're right. / That's exactly right.
I couldn't have said it better myself.

맞아.

▲ couldn't have said it better myself를 직역하면 '더 잘 말할 수는 없었을 것이다.'

04 I see. / I get it. / I understand.

알았어.

05 Really? / Is that so? / Are you serious?

정말?

06 Oh yeah? / Seriously?

진짜?

07 I sure hope so.

그러면 정말 좋겠어.

08 Of course. / Naturally.

물론이지.

09 Then what happened? / What happened next?
What did you do then? / Aaaand ...?

그래서 어떻게 됐는데?

▲ Aaaand는 '애~앤드'라고 길게 발음한다.

10 That's harsh. / That must have been harsh. / How awful!

그건 너무 심했다.

▲ must have been ~은 '~이었음에 틀림없다'

11 Wow! / Oh my God! / You're kidding.

설마!

12 Hmmm. / Uh-huh.

으응.

13 Yeah, yeah. / Right, right.

그래그래.

03-17

Scene 11 의견을 물을 때, 의견을 말할 때

01 What do you think about it?

그걸 어떻게 생각하니?

02 What's your opinion about it?

그것에 대한 네 의견은 뭐니?

▲ 이렇게 의견을 물어보는 경우 자신이 없으면 I'm not sure. 또는 Well, I don't think about that.(잘 모르겠어.)라고 대답하면 된다.

03 I think that's very important.

그것이 아주 중요할 것 같아.

▲ I think ~.는 단정을 피하며 자기 의견을 말하는 표현. think 앞에 would나 should를 넣어 I'd think ~.라고 하면 공손한 표현이 된다. 반면에 I believe ~. / I'm sure ~. / I'll bet ~. 등은 '틀림없이 ~라고 생각해.'라고 확신을 가지고 의견을 말하는 표현이다.

04 In my opinion, I think it's a waste of time.

내 생각에 그거 시간 낭비인 것 같아.

▲ In my opinion, ~ / My opinion is that ~ / My idea is that ~ / As far as I'm concerned, ~ 등은 '내 의견을 말하자면 ~' 즉 '내 의견은 ~'이라고 자기 의견을 말하기 전에 쓰는 표현이다.

05 I'm afraid ~ / It seems to me that ~

~인 것 같은데요.

▲ 이 표현도 단정을 피하고 자기 생각을 공손하게 말하는 표현이다.

06 I'm afraid I've got to cut down my expenses.

제가 경비를 줄여야 할 것 같네요.

07 I'm sorry, but ~.

죄송한데요, ~.

▲ 반대나 거절 등 상대방과 다른 의견을 말하기 전에 공손하게 말을 꺼내는 표현이다.

08 You may be right, but ~.
What you are saying may be true, but ~.
당신 말이 맞을 지도 모르지만, ~.

09 You may be right, but I think you're mistaken.
당신 말이 맞을 지도 모르지만, 제 생각은 당신이 틀린 것 같아요.

10 I respect your opinion, but I think otherwise.
당신 의견은 존중하지만, 전 그렇게 생각하지 않아요.

11 I understand what you're saying, but ~.
Your point is well taken, but ~.
당신 의견은 잘 압니다만, ~.

12 I admit that, but ~.
그건 인정하는데요, 하지만 ~.

13 I hope you won't misunderstand, but ~.
오해하지 않길 바랍니다만, ~.

14 I hope you won't take it personally, but ~.
Please don't be offended, but ~.
I hope I won't offend you, but ~.
기분이 상하지 않았으면 합니다만, ~.

15 It may sound strange, but ~
이상하게 들릴지 모르겠는데요, 하지만 ~

16 Yes, I agree, but ~
Yes, but the problem with that is ~
동의합니다만, ~

03-18

Scene 12 다른 사람의 의견에 찬성할 때

01 I agree to your plan.

네 계획에 찬성이야.

▲ agree to+의견(제안)은 '~에 찬성하다, 승낙하다'라는 뜻이다.

02 I agree with you on that point.

그 점에 관해서 네 생각에 동의해.

▲ agree with+사람은 의견이 같다. 즉 '~에 동의하다'라는 뜻이다.

03 I'm for that plan.

그 계획에 찬성이야.

▲ 전치사 for는 '~에 찬성하여'라는 뜻도 있다. 그 반대는 against를 써서 I'm against that plan.(나는 그 계획에 반대야.)

04 I think so, too.

나도 그렇게 생각해.

05 I think you're quite right.

네 말이 맞는 것 같아.

06 You can say that again.

네 말이 맞아.

▲ Just as you say. / You're telling me. / You are right.도 같은 의미로 쓸 수 있다.

07 That's it.

맞아.

▲ 상대방이 핵심을 말한 경우에 '바로 그거야.'라고 맞장구하는 것이다. That's right.나 You said it.(정말 그래.)이라고 해도 된다.

Scene 13 다른 사람의 의견에 반대할 때

01 No, I don't agree with you.
No, I don't agree to your idea.
아니, 동의하지 않아.

02 That's not quite what I had in mind.
그건 내 생각과는 아주 달라.

03 I don't think so.
그렇게 생각하지 않아.

04 I'm afraid not.
그럴 것 같지 않은데.

▲ Don't you think so?(그렇게 생각하지 않니?)와 같은 물음에 I don't think so.보다 부드럽게 반대의 의견을 말하는 것이다.

05 I think otherwise.
난 달리 생각해.

▲ He says the party will be fun but I think otherwise.(그는 파티가 재미있을 거라고 하는데, 내 생각은 아니야.)처럼 반대 의견을 부드럽게 말하는 것이다.

06 No, I don't believe so.
아니, 그럴 것 같지 않아.

▲ I don't think so.가 논리적 판단의 결과인데 비해, I don't believe so.는 상대방의 말이나 생각을 '믿을 수 없다'라고 하는 것이다.

07 I can't go along with you on that point.
그 점에 관해서는 동의할 수 없어.

▲ go along with ~는 '~에 동의하다, ~와 잘 지내고 있다, ~에 협력하다'라는 의미로 쓰인다.

08 I disagree. / I'm against it. / I'm opposed to it.

전 반대합니다.

▲ 회의나 토론 등에서 강하게 반대 의견을 말하는 것이다.

03-20

Scene 14 모르겠다고 할 때

01 I don't know. / I have no idea.
I'm sorry, but I don't know. / I'm afraid I don't know.

모르겠는데.

▲ I'm sorry나 I'm afraid를 쓰면 공손하게 들린다.

02 Sorry, but I really don't know.
Sorry, but I really don't have any idea.

미안한데, 정말 몰라.

03 I haven't the slightest idea.
I don't know anything about it.

전혀 모르겠어.

▲ '모르지만, 원하면 알아봐 줄게.'는 ~ but I'll try to find out if you like it.

04 I don't know, either.
I don't know any more than you do.

나도 모르겠어.

05 I'm not (quite) sure about it.
I'm not absolutely certain about it.
I'm not too clear about that point.

그것에 관해선 확실히 모르겠어.

Scene 15 대화를 마칠 때

01 That'll just about do it for today.
That's enough on this topic for today.
오늘은 이 정도로 하자.

02 Let's talk about that some other time.
Let's talk more about this later.
그건 다음에 다시 얘기하자.

03 This looks like a good place to stop for now.
이제 이쯤에서 끝내자.

04 Let's continue this discussion later.
이 토론은 나중에 계속하자.

05 I've had enough of this talk.
Enough already!
이제 이 얘기는 그만하자.

06 I don't want to talk about it anymore.
그것에 관해서 더는 얘기하고 싶지 않아.

07 I've got nothing to say to you.
(그것에 관해서 너한테) 할 말이 없어.

08 I've already heard that heard that.
I've heard that before.
I've heard it all before.
그건 이미 들었어.

기본적인 질문·대답

03-22

Scene 01 시간을 물을 때와 대답할 때

01 What time is it?

지금 몇 시니?

▲ 모르는 사람에게 시간을 물을 때는 Excuse me.라고 말하고 Do you know what time it is? / Do you have the time? / Could you give me the time? / Could you tell me what time it is? / Could you please give me the time? 등으로 물을 수도 있다.

02 It's seven o'clock.

7시야.

▲ '10시 23분 46초'는 Now, it's exactly twenty-three minutes and forty-six seconds past ten o'clock.이라고 하면 된다.

03 It's a quarter after eight.

8시 15분이야.

▲ 시간은 1~30분까지는 ~ after(past) ...(…시 ~분)을 쓰고, 31~59분은 ~ to(before) ...(…시 ~분 전)을 써서 나타낸다. 또한 15분은 a quarter, 30분은 half를 쓴다.

04 It's ten past four. / It's four ten.

4시 10분이야.

05 It's nine forty-five.

9시 45분이야.

06 It's five to three.

3시 5분 전이야.

07 It's a quarter to ten.

10시 15분 전이야.

08 It's eight a.m. / It's six p.m.

오전 8시야. / 오후 6시야.

▲ '오전'은 a.m.이나 in the morning을, '오후'는 p.m. 또는 in the afternoon을 쓴다. '정오'는 twelve (o'clock) noon, '밤 12시'는 twelve (o'clock) midnight이라고 한다.

09 What time is your work? / What time do you work?

일은 몇 시부터 몇 시까지 하니?

▲ 어떤 일의 시간을 물을 때는 What time is+일?을 쓴다. 시작 시간뿐만 아니라 마치는 시간을 묻는 의미도 들어있는 표현이다.

10 What time does your work start?

일은 몇 시부터 하니?

11 What time do you finish work?

일은 몇 시에 끝나니?

12 It's at ten.

10시야.

13 It's from nine-thirty to six o'clock.

9시 30분부터 6시까지야.

▲ '…부터 ~까지'는 It is from ... to ~를 쓴다.

14 How long does it take from your place to the office?

집에서 회사까지 얼마나 걸리니?

▲ 소요 시간을 물을 때는 How long does it take?이 기본이다. A지점부터 B지점까지 얼마나 걸리는지는 How long does it take from A to B?라고 물으면 된다.

15 It takes about an hour and a half.

1시간 반 정도 걸려.

▲ 대답은 It takes ~.를 이용한다. 이용하는 교통수단은 by+교통수단으로 나타낸다. '걸어서'는 on foot이라고 한다.

03-23

Scene 02 요일이나 날짜를 물을 때, 대답할 때

01 What day is it today?

오늘이 무슨 요일이지?

▲ day는 '요일, 날'을, date는 '날짜'를 나타낸다. 요일이나 날짜에 관해 말하고 있다는 것을 서로 알고 있는 경우에는 date나 day를 생략하고 What's today? 또는 What's tomorrow?라고 물을 수도 있다.

02 It's Wednesday.

수요일이야.

▲ Today's Wednesday.라고 할 수도 있다.

03 What's the date?

오늘이 며칠이지?

▲ 오늘의 날짜는 What date is it today?라고 물을 수도 있다.

04 It's March (the) third.

3월 3일이야.

▲ '2018년 8월 12일 토요일이야.'는 Today is Saturday, August (the) twelfth in 2018.이라고 한다. 영어에서는 보통 요일을 날짜보다 먼저 말한다.

05 What date's the tennis tournament?

테니스 경기는 며칠이지?

06 When's your birthday?
넌 생일이 언제니?
▲ 생일은 What date's your birthday?라고 물을 수도 있다.

07 (My birthday is) December (the) twenty-eighth.
(내 생일은) 12월 28일이야.

08 When were you born?
언제 태어났니?

09 I was born in 1993.
1993년생이야.

10 The deadline is the end of August.
마감은 8월 말까지야.

11 In the middle of January: the seventeenth, I think.
1월 중순 17일인 것 같아.
▲ '1월 상순'은 at the beginning of January, '1월 하순'은 at the end of January라고 한다.

12 (It'll be) A week on Thursday. That's the 28th.
일주일 뒤 목요일, 28일이야.
▲ '이번 주 목요일'을 나타내는 next Thursday 또는 this coming Thursday와 구별한 어법이다.

03-24

Scene 03 수량이나 정도를 물을 때, 대답할 때

01 How many brothers and sisters do you have?
형제가 몇이나 되니?
▲ How many+셀 수 있는 명사(복수형)?는 '얼마나 ~있습니까?'라고 수를 묻는 표현이다.

02 I have two younger sisters.

여동생이 둘 있어.

03 How many glasses of wine did you drink?

와인을 몇 잔 마셨니?

04 I had[drank] three glasses.

세 잔 마셨어.

05 How much wine is left?

와인이 얼마나 남아 있니?

▲ How much+셀 수 없는 명사(단수형)?는 '얼마나 ~있습니까?'라고 양을 묻는 표현으로 금액을 물을 때도 쓸 수 있다.

06 There's still half[two thirds] (of the bottle) left.

아직 반(3분의 2)은 남아 있어.

▲ 분수는 분자를 기수, 분모를 서수로 읽는다. 분자가 2 이상이면 분모는 복수형으로 읽는다.

07 How much is the admission fee?

입장료가 얼마지요?

08 It's five thousand won.

5천원입니다.

09 How tall is this tree?

이 나무는 높이가 얼마나 되니?

▲ '얼마나 ~?'라고 정도를 물을 때는 how 다음에 형용사나 부사를 써서 How+형용사(부사)+동사+주어? 형태로 말한다. 공손하게 물을 때는 Could you tell me(May I ask) how+형용사(부사)+주어+동사? 형태로 쓰면 된다. 키나 높이는 tall 또는 high를, 길이는 long, 폭은 wide, 깊이는 deep을 쓴다.

10 How long do you want the curtains to be?

커튼 길이는 얼마나 원하세요?

11 How high is that tower?

저 탑은 높이가 얼마나 돼?

12 It's about three hundred meters (high).

(높이는) 약 300미터야.

13 How deep is this heated pool?

이 온수풀은 깊이가 얼마나 되니?

14 It's one point four meters (deep).

(깊이는) 1.4미터야.

▲ 소수점은 point 또는 decimal로 읽고, 소수점 이하는 한 글자씩 끊어 읽는다.

15 How much does this product weigh?

이 제품은 무게가 얼마나 되나요?

16 It's probably 20 kilograms.

20킬로그램 정도입니다.

03-25

Scene 04 빈도나 횟수를 물을 때, 대답할 때

01 How many times have you traveled abroad?

해외여행을 몇 번이나 했니?

▲ 빈도는 How many times(How often)+동사+ 주어 ~? 형태로 물을 수 있다.

02 How many times a day do you brush your teeth?

하루에 이를 몇 번 닦니?

03 She's always chewing gum.

그녀는 항상 껌을 씹고 다녀.

▲ 빈도를 나타내는 부사는 대개 일반동사 앞, be동사/조동사 뒤에 쓴다. 빈도부사를 빈도가 높은 순서대로 쓰면 다음과 같다. 항상《100%; always / continuously / all the time》, 대개《90%; usually》, 자주《70%; often(반복 횟수가 많음) / frequently(짧은 간격으로 반복 횟수가 많음) / many times》, 때때로《30%; sometimes / now and then(불규칙한 반복) / from time to time(보통 규칙적인 반복), occasionally / once in a while》, 거의 ~않는다《10%; seldom / rarely / hardly / scarcely》, 절대로 ~않는다《0%; never》

04 Every once in a while I want to eat some cake.

가끔씩 케이크가 먹고 싶어져.

05 He sometimes skips classes.

그는 가끔 수업을 빼먹는다.

06 She often forgets her homework.

그녀는 종종 숙제를 잘 잊어버린다.

07 I rarely write letters these days.

난 요즘 거의 편지를 안 써.

08 This is his second visit to Korea.

이번이 그의 두 번째 한국 방문이야.

09 I've never been to China.

난 한 번도 중국에 가본 적이 없어.

10 Take this medicine three times a day, after meals.

이 약을 하루 세 번 식후에 드세요.

▲ once(1번), twice(2번), three times a month(한 달에 3번), four times a week(일주일에 4번)

11 I shower[take a shower] once a day.

난 하루 한 번 샤워해.

12 I do laundry every other day.

난 이틀에 한 번 빨래를 해.

▲ every two days(이틀에 한 번), every three days(사흘에 한 번), every one hour(1시간에 한 번), every three weeks(3주에 한 번), every two or three months(2, 3개월에 한 번), every several years(수년에 한 번)처럼 활용할 수 있다.

13 I went to the convenience store as many as five times a day.

나는 많을 때는 하루에 5번이나 편의점에 갔어.

14 This magazine is published bimonthly.

이 잡지는 두 달에 한 번씩 발행된다.

15 I go to the gym twice a week.

나는 일주일에 두 번 체육관에 가.

16 I wash my car once a month.

나는 한 달에 한 번 세차해.

17 I drink milk every day.

나는 매일 우유를 마셔.

▲ every week(매주), every month(매달), every year(매년)

18 This magazine comes out every Thursday.

이 잡지는 매주 목요일에 나온다.

19 I watched TV all day yesterday.

어제는 하루 종일 텔레비전을 봤어.

▲ all night(밤새), all week(1주일 내내), all year(1년 내내)

Scene 05 길을 물을 때

01 Excuse me. Where's the station?

실례합니다. 역이 어디죠?

▲ 모르는 사람에게 물을 때는 먼저 Excuse me.라고 하고 묻는 것이 예의이다. 가장 간단히 길을 묻는 표현이 Where is+찾는 장소?이다.

02 Where's the subway station[the bus stop / the bus terminal]?

지하철역(버스 정류장/버스 터미널)이 어디죠?

03 Where can I get a taxi?

어디서 택시를 탈 수 있죠?

04 How can I get to the nearest train station[subway station]?

가까운 역(지하철 역)에 어떻게 가나요?

▲ 목적지까지 가는 길은 How can I get to+가고 싶은 장소? 또는 Can[Could] you tell me how to get to+목적지? 형태로 물을 수 있다.

05 Where's the ticket counter? / Where do I get a ticket?

매표소가 어디 있죠?

06 Could you please tell me how to get to Central Station?

중앙역에 가는 방법을 알려주겠어요?

07 What's the fastest way to get to Boston?

보스턴까지 가는 가장 빠른 방법이 뭐죠?

08 Do you know how to get to a restaurant called "Joe's cafe"?

'조 카페'에 어떻게 가는지 아세요?

▲ '~에 어떻게 가는지 아세요?'는 Do you know how to get to+찾는 장소?, '~가 어디 있는지 아세요?'는 Do you know where+찾는 장소+is? 형식으로 묻는다.

09 Do you know where "Central Hotel" is?

센트럴호텔이 어디 있는지 아세요?

10 Is there a pay phone around here?

근처에 공중전화 있나요?

▲ '이 근처에 ~가 있나요?'는 Is there ~ near here[around here]?라고 한다.

03-27

Scene 06 장소를 가르쳐줄 때

01 It's over there.

저쪽에 있어요.

02 It's right there.

바로 저기예요.

03 It's around the corner.

모퉁이를 돌면 있어요.

04 It's next to the parking lot.

주차장 옆에 있어요.

▲ 장소를 구체적으로 알려줄 때는 It's next to ~.(~의 옆에 있다) / It's between A and B.(A와 B 사이에 있다) / It's across from ~.(~의 건너편에 있다) 등의 표현을 쓴다.

05 It's between the post office and the bank.

우체국과 은행 사이에 있어요.

06 It's across from the supermarket.

슈퍼마켓 건너편에 있어요.

07 It's opposite the department store.
백화점 맞은편에 있어요.

08 It's in front of[behind] the station.
역 앞에(뒤에) 있어요.

09 You'll see it on your right[left].
오른쪽에 보일 겁니다.

▲ '~가 보일 겁니다.'라고 눈에 띄는 건물을 알려줄 때는 You will see+건물. 형식을 쓰면 된다.

03-28

Scene 07 길을 알려줄 때

01 Go[Walk] straight ahead.
앞으로 곧장 가세요.

▲ 길을 알려줄 때는 명령문을 쓴다.

02 Walk along the street.
길을 따라 곧장 가세요.

03 Turn right[left].
오른쪽(왼쪽)으로 가세요.

▲ '~을 오른쪽(왼쪽)으로 가세요.'는 Turn right[left] at+장소. 형식으로 한다.

04 Cross at the signal light[the crosswalk].
신호등(횡단보도)이 있는 건널목을 건너세요.

05 Cross the intersection.
교차로를 건너세요.

06 Walk two blocks.

두 블록 걸어가세요.

07 Turn right at the first corner.

첫 번째 모퉁이에서 오른쪽으로 가세요.

08 Turn left at the end of the road.

막다른 곳에서 왼쪽으로 가세요.

09 Turn right at the next intersection.

다음 교차로에서 오른쪽으로 가세요.

10 Turn left at the second signal light.

두 번째 신호등에서 왼쪽으로 가세요.

11 Turn right at the fork.

갈림길에서 오른쪽으로 가세요.

12 Go across the train tracks.

건널목을 건너세요.

13 You will come to a walkway.

통로가 나올 겁니다.

▲ '~로 나온다.'는 You will come to+장소.로 말하면 된다.

14 You will see gray building on your right.

오른쪽에 회색 건물이 보일 겁니다.

이야깃거리

03-29

Scene 01 개인 신상

01 Where are you from? / Where do you come from?
Where were you born? / Where is your hometown?
고향이 어디니?
▲ 태어난 곳을 묻는 표현이다.

02 A place called Plains. It's a small town in the US State of Georgia.
플레인즈라는 곳이야. 미국 조지아 주의 작은 마을이지.

03 Which part of the States are you from, Sally?
샐리, 미국 어디에서 태어났니?

04 I was born in Arkansas but my parents live in Florida now.
아칸소에서 태어났는데 부모님은 지금 플로리다에 살고 계셔.

05 Were you brought up there, too?
거기서 자랐니?

06 How are you enjoying it here? / How do you like living here?
How are you getting along in Korea?
여기 (한국) 생활은 재미있니?

07 Do you often come here?
여기 자주 오니?

08 How large is your family?
가족은 몇이나 돼?

09 There are four in my family.
네 명이야.

10 I have two children.
아이가 둘 있어.

11 What do you do?
어떤 일을 하니?

12 I'm an office worker.
회사원이야.

13 Who do you work for?
어디 근무하니?

14 I work for Mirae Electronics.
미래전자에 다녀.

15 Where do you go to school? / Which school do you go to?
어느 학교에 다니니?

16 I go to Korea University.
고려대학에 다녀.

17 I'm studying dress design in Suwon.
수원에서 의상 디자인을 공부하고 있어.

18 Where did you go to college? / Which university did you go to?

어느 대학을 나왔니?

19 What are you interested in? / What are your hobbies?
What do you do in your free time?

취미가 뭐니?

▲ 세 번째 표현은 '시간이 날 때는 뭐해?'라는 의미. What's your hobby?라고 하면 취미가 하나밖에 없다는 느낌을 줄 수 있으므로 보통 복수형인 hobbies를 쓴다.

20 My hobby is rock music and I used to be a singer in an amateur rock band.

내 취미는 록 뮤직이고 전에 아마추어 록 밴드에서 노래했었어.

21 I'm interested in playing badminton.

나는 배드민턴에 흥미가 있어.

03-30

Scene 02 외모; 외모를 물을 때

01 What does your son look like?

네 아들은 어떻게 생겼니?

▲ '~은 어떻게 생겼어?'는 What do[does]+사람+look like?으로 묻는다.

02 Who does he look like?

그 남자는 누굴 닮았니?

▲ look like 대신에 take after를 쓸 수도 있다.

03 Do you look more like your mother or your father?

너는 아버지를 닮았니, 어머니를 닮았니?

03 I take after my mother.

난 어머니를 닮았어.

04 She doesn't look like either of her parents.

그녀는 부모를 닮지 않았어.

05 He's the spitting image of his father.

그는 아버지를 꼭 빼닮았다.

03-31

Scene 03 외모; 전체적인 인상

01 He is good-looking.

그 남자는 잘 생겼어.

▲ 외모는 사람+be동사+형용사. 형식을 써서 설명한다. 사람+be동사+형용사.인 경우에는 a[an]는 필요 없지만, 형용사 뒤에 명사를 쓸 경우에는 앞에 a[an]을 붙인다. good looking 외에 nice looking, handsome(잘생긴) / gorgeous(매력적인) / plain-looking, ordinary-looking(평범하게 생긴) 등도 알아두자.

02 She's cute, isn't she?

그녀는 귀엽지 않니?

▲ lovely, fair, beautiful(아름다운) / pretty(귀여운) / comely(어여쁜) / ugly(못생긴) / attractive(매력적인) / sophisticated(지적인)

03 My father is stout with broad shoulders.

우리 아버지는 어깨가 넓으셔서 풍채가 당당하셔.

▲ '처진 어깨'는 sloping shoulders, '떡 벌어진 어깨'는 square shoulders, '목이 긴(짧은)'은 a long (short) neck라고 한다.

04 He wears glasses and looks like a typical university professor.

그 남자는 안경을 껴서 전형적인 대학교수처럼 생겼어.

▲ He looks like a typical businessman.(그는 전형적인 사업가처럼 생겼다.)

05 She's always wearing heavy makeup.

그녀는 항상 화장을 짙게 하고 다녀.

▲ 반대는 She doesn't wear much make-up.(그녀는 화장을 진하게 하지 않는다.)

06 He wears glasses[contact lenses].

그는 안경(콘택트렌즈)을 쓰고 다닌다.

07 He has whiskers.

그 남자는 구레나룻이 있다.

▲ '구레나룻'은 whiskers 또는 sideburns라고 한다.

08 He has long sideburns.

그 남자는 긴 구레나룻이 있다.

09 He has a beard[mustache].

그 남자는 턱수염(콧수염)을 기르고 있다.

▲ 남성의 '콧수염'은 mustache, '턱수염'은 beard라고 한다. '턱수염을 기르려고 한다.'는 I'm trying to grow a beard.라고 한다.

03-32

Scene 04 외모; 키와 체형

01 I'm tall[short].

나는 키가 크다(작다).

02 I'm average height.

나는 평균 키다.

03 He's heavy[fat / overweight].

그 남자는 뚱뚱하다.

▲ '키에 어울리는 적당한 체중이다.'는 I'm the average weight for my height.라고 한다.

04 She is a little fat.

그녀는 좀 뚱뚱한 편이다.

05 She's chubby.

그녀는 통통하다.

06 He's slim[thin / skinny].

그 남자는 호리호리하다(말랐다 / 비쩍 말랐다).

▲ '그는 키가 크고 말랐다.'는 He's tall and lanky.라고 한다.

07 He's well built[medium-built]

그 남자는 체격이 좋다(보통이다).

08 She's slim and tall.

그녀는 날씬하고 키가 크다.

09 She's slender.

그녀는 날씬하다.

Scene 05 외모; 머리 모양

01 I have long[short] hair. / My hair is long[short].

나는 장발이다(단발머리다).

▲ 신체 부위의 특징은 have(has)를 이용해서 표현할 때가 많고, 소유격(My / Your / Her)+신체부위를 주어로 써서 표현할 수도 있다.

02 I have black[brown] hair.

내 머리는 검다(갈색이다).

▲ '금발'은 blonde hair 또는 golden hair라고 한다.

03 My mother has hair flecked with gray.

어머니는 흰머리가 듬성듬성 나 있다.

04 She has salt-and-pepper hair.

그녀는 머리가 희끗희끗하다.

05 My father has gray[white] hair.

아버지는 머리가 희다.

06 She has a short hair cut.

그녀는 단발을 하고 있다.

07 Her hair is shoulder-length[medium-length].

그녀의 머리는 어깨에 닿는 길이(중간 길이)다.

08 I have curly[straight] hair.

나는 곱슬머리(생머리)다.

09 I dye my hair brown.

나는 머리를 갈색으로 염색한다.

10 I have a perm.

나는 파마를 했다.

▲ '브리지'는 highlights라고 한다. I got my hair highlighted at the beauty shop.(미용실에서 머리에 브리지를 했다.)

11 She has her hair braided.

그녀는 머리를 땋았다.

12 She has her hair up.

그녀는 올림머리를 하고 다닌다.

13 She has her hair in a ponytail[bun].

그녀는 말총머리(쪽진 머리)를 하고 다닌다.

14 He's a skinhead.

그는 삭발을 하고 다닌다.

15 He's bald.

그는 대머리다.

▲ '그는 머리숱이 적다.'는 He has little hair.라고 한다.

16 He wears a toupee.

그는 가발을 쓰고 다닌다.

▲ toupee는 부분적인 탈모에 사용하는 가발을 말하며 hairpiece라고도 한다.

03-34

외모; 얼굴

01 He has a small[big] face.

그는 얼굴이 작다(크다).

02 I have a round[square] face.

나는 얼굴이 둥글다(사각이다).

03 He has a narrow face.

그는 얼굴이 길다.

▲ '얼굴이 길다'는 long보다는 narrow를 쓴다. long face는 '기분이 안 좋다'라는 의미로 쓰이는 표현이다.

04 He has an angular face.

그는 각진 얼굴이다.

05 She has a baby face.

그녀는 동안이다.

06 She has high-cheekbones.

그녀는 광대뼈가 나왔다.

07 He has a square jaw line[pointed chin].

그는 턱이 사각이다(뾰족하다).

▲ '주걱턱'은 lantern jaw, '이중 턱'은 double chin이라고 한다. 참고로 '이마'는 forehead, '턱'은 chin / jaw라고 하며, '뺨'은 cheeks, '보조개'는 dimple이라고 한다.

03-35

Scene 07 외모; 눈, 코, 입

01 He has big[small] eyes.

그는 눈이 크다.

02 She has narrow eyes.

그녀는 눈이 가늘다.

03 He has slanted eyes[deep-set eyes].
그는 째진 눈이다(그는 눈이 오목하다).

04 She has single[double] eyelids.
그녀는 쌍꺼풀이 없다(있다).

05 She has long[short] eyelashes.
그녀는 속눈썹이 길다(짧다).

06 She wears false eyelashes.
그녀는 인조 속눈썹을 하고 있다.

07 He has thick[thin] eyebrows.
그는 눈썹이 짙다(옅다).

08 He has a long nose.
그는 코가 크다.

09 He has a flat nose[hooked nose].
그는 납작코(매부리코)이다.

▲ '들창코'는 upturned nose, '딸기코'는 potato nose라고 한다.

10 He has a high-bridged nose.
그는 콧등이 높다.

▲ '콧등'은 bridge라고 한다.

11 She has a wide[tiny] mouth.
그녀는 입이 크다(작다).

12 She has thick[thin] lips.
그녀는 입술이 두껍다(얇다).

03-36

Scene 08 외모; 손, 발, 몸

01 I have small[big] hands.
나는 손이 작다(크다).

02 You have long[short] fingers.
넌 손가락이 길구나(짧구나).

03 He has long[short] arms.
그는 팔이 길다(짧다).

04 He has long arms and legs.
그는 팔다리가 길다.

05 He has bony legs.
그의 다리는 뼈밖에 없다.

06 He has fat legs.
그는 다리가 뚱뚱하다.

07 He has big[small] feet.
그는 발이 크다(작다).

08 He has broad[narrow] shoulders.
그는 어깨가 넓다(좁다).

09 He has round shoulders.
그는 어깨가 굽었다.

10 She has a big[small] waist.
그녀는 허리가 굵다(가늘다).

Scene 09 성격; 호감이 가는 성격

01 What is he like?
What kind[sort / type] of person is he?
그는 어떤 사람이니?

02 He's nice.
그는 좋은 사람이야.

▲ 성격도 사람+be동사+형용사. 형식을 써서 표현한다. nice 외에 호감이 가는 성격을 나타내는 형용사로 kind(친절한) / friendly(싹싹한) / gentle(붙임성 있는) / understanding (사리를 아는) / warm(따뜻한) 등이 있다.

03 He's good-humored; a pleasure to be with.
그는 유쾌한 사람이어서 같이 있으면 즐거워.

04 They're rather odd, but they're good sorts.
그들은 좀 유별나지만 좋은 사람들이야.

05 She's very clever, but she can be a lazy girl.
그녀는 아주 영리하지만 게으를 때도 있어.

06 She's not exactly witty, but she's extremely hard-working.
그녀는 융통성은 전혀 없지만 매우 성실해.

▲ not exactly는 '전혀 ~이 아닌'이라는 의미이다.

07 She's always cheerful, bright, sociable and kind.
그녀는 언제나 유쾌하고 밝고 사교적이고 친절해.

08 I think his best point is his sense of humor.
그의 장점은 유머 감각인 것 같아.

09 What kind of personality do you think you have?
자신의 성격이 어떻다고 생각하세요?

10 I think I'm amiable.
저는 붙임성이 있다고 생각해요.

11 Which do you think you are: an extrovert or an introvert?
당신은 성격이 외향적인 것 같습니까, 아니면 내성적인 것 같습니까?

▲ extrovert(외향적인 (사람)) / introvert(내성적인 (사람)) 외에 양면을 모두 갖춘 성격은 ambivert 라고 한다.

12 I'm optimistic about everything.
전 매사에 낙관적입니다.

13 I'm pretty good at striking up conversations with strangers.
저는 모르는 사람에게도 말을 잘 건네는 편입니다.

▲ strike up with ~는 '~와 (대화·관계 등을) 시작하다'

14 I can cooperate with anybody.
저는 어떤 사람과도 잘 지낼 수 있어요.

15 People sometimes say I'm friendly and considerate.
사람들은 종종 절보고 싹싹하고 자상하다고 합니다.

16 I think I'm both sensitive and big-hearted.
저는 세심하고 따뜻한 마음을 가졌다고 생각합니다.

17 I'm well-meaning and try to be well-mannered toward other people.
전 착하고 다른 사람에게 예의를 지키려고 합니다.

Scene 10 성격; 비호감 성격

01 I'm sort of a pessimist.

난 약간 비관적인 성격이야.

▲ sort of는 '얼마간, 다소'라는 의미.

02 I'm shy. I'm not comfortable in the company of strangers.

난 수줍음이 많아서 낯선 사람들과 있으면 편치 않아.

03 I'm not really sociable.

난 정말 붙임성이 없어.

04 I tend to be withdrawn. / I'm fairly reserved.

난 좀 소극적인 성격이야.

05 He's rather boring.

그는 재미가 좀 없는 사람이야.

▲ 반대로 '재미있는 사람'이라면 interesting / amusing / good-humored 등으로 말한다.

06 He's very witty, but he can be extremely unkind.

그는 융통성은 뛰어나지만 상당히 냉정한 데가 있어.

07 He used to be mean and gloomy, but he's quite open-handed and cheerful these days.

그는 인색하고 침울했지만 요즘 인심 좋고 쾌활해졌어.

▲ used to+동사원형은 과거의 습관·상태를 나타내며 지금은 그렇지 않다는 의미를 나타낸다.

08 I'm careless. I know that's my weak point.

난 조심성이 없어. 그게 내 약점이라는 걸 알고 있어.

▲ hasty(경솔한)/ scatter-brained(산만한)/ fickle(변덕스러운) 등도 좋지 않은 성격을 나타내는 말이다.

09 I'm very forgetful.

난 건망증이 심해.

10 I tend to be slow in doing things.

난 만사에 꾸물대는 경향이 있어.

▲ dull; stupid(우둔한) / slow-thinking(머리회전이 느린) / lazy(게으른)

11 I'm afraid I'm a poor talker.

난 말주변이 없는 것 같아.

12 She's too talkative, and, what's worse, she only likes to talk about herself.

그녀는 너무 말이 너무 많고 더 나쁜 건 자기 얘기만 해.

▲ selfish; egocentric(이기적인)도 미움을 받기 쉬운 성격이다.

13 He's very particular about trivial things.

그는 사소한 일에 잔소리가 심해.

14 Her weakness is that she's a bit narrow-minded and obstinate.

그녀는 마음이 좁고 완고한 것이 결점이다.

▲ stubborn; persistent(고집 센) / inquisitive; nosy(꼬치꼬치 캐묻기 좋아하는)

15 I'm rather short-tempered, and sometimes get easily excited about unimportant things.

나는 다혈질이어서 사소한 일에 쉽게 흥분해.

▲ impatient(참을성이 없는) / irritable(짜증을 잘 내는) / quick(hot)-tempered; peevish(화를 잘 내는) / wicked; ill-natured(심술궂은) / eccentric; strange; peculiar(별난) / fussy(신경질적인) 등도 호감을 받지 못하는 성격을 나타내는 말.

03-39

Scene 11 일기예보

01 Have you seen the weather report?

일기예보 봤니?

▲ '일기예보'는 the (weather) forecast / the weather report라고 한다. '주간 일기예보'는 one-week weather forecast라고 한다.

02 The weather report said it's supposed to be clear and sunny today.

일기예보에서 오늘은 맑고 화창할 거라고 했어.

03 Tomorrow it will be cloudy with occasional rain showers.

내일은 흐리고 가끔 소나기가 올 거래.

04 What's the weekend weather going to be like?

주말에는 날씨가 어떨까?

05 What's the high[low] temperature?
What's the high[low] today?

오늘 최고(최저) 기온이 어떻게 되니?

06 What's the temperature now?

지금 몇 도니?

07 What's the chance of it raining?

비가 올 확률은 얼마나 돼?

▲ 같은 의미로 What's the chance that it will rain? / What's the chance of rain?이라고 해도 된다. 대답은 Today there's a 30 percent chance of rain.(오늘 비가 올 확률은 30퍼센트다.) / None at all today.(절대로 안 온다.) / A hundred percent. Look out the window.(백 퍼센트다. 창밖을 봐.) 등으로 한다.

Scene 12 날씨

01 It's clear[cloudy / rainy / snowy] today.
오늘은 맑다(흐리다/비가 온다./눈이 온다).

02 It was clear yesterday before clouding over.
It was clear and then cloudy yesterday.
어제는 맑았다가 흐렸어.

03 The weather is getting worse and worse.
The weather is going to pieces.
날씨가 점점 나빠지고 있어.

04 It's warm.
날씨가 포근해.

05 It's chilly. / Whoo! That's chilly!
날씨가 쌀쌀해.

06 It's cool.
날씨가 시원해.

07 This heat is oppressive. / This cold is bitter.
It's blazing hot[freezing cold]. / It's punishingly hot[cold].
더위(추위)가 대단해.

08 It's hot[cold] today, isn't it?
오늘 덥지(춥지)?

09 It's really hot and muggy.
날씨가 정말 무더워.

10 It's humid[dry], isn't it?

습하지(건조하지)?

11 The air is dry.

공기가 건조해.

12 The weather is going to improve[go downhill].

날씨는 점점 좋아질(나빠질) 거야.

13 Rain clouds are spreading. / The sky is filling with rain clouds.

비구름이 끼고 있어.

14 The sunlight is very bright today.

오늘은 햇볕이 매우 강해.

▲ bright 대신에 strong을 쓸 수도 있다.

03-41

Scene 13 날씨; 바람

01 It's windy.

바람이 많이 분다.

02 A strong wind is blowing.

거센 바람이 불고 있다.

03 There's a nice breeze.

산들바람이 분다.

04 The typhoon is approaching.

태풍이 접근하고 있다.

05 The typhoon hit[struck] Jeju Island.
태풍이 제주도에 상륙했다.

06 The typhoon went away.
태풍이 지나갔다.

07 There's a rainstorm outside.
밖에 폭풍우가 친다.

08 A tornado hit this area last month.
지난달에 토네이도가 이 지역을 강타했다.

03-42

Scene 14 날씨; 비, 눈

01 It looks like rain. / It's going to rain.
비가 올 것 같은데.

02 I think it's going to drizzle.
이슬비가 내릴 것 같아.

▲ drizzle(이슬비가 내리다) / sleet(진눈개비가 내리다) / hail(싸락눈이 내리다)

03 I'm afraid it's going to rain at any minute now.
I think we're going to have showers (at) any moment.
금방이라도 비가 올 것 같은데.

04 There was a[an] (afternoon) shower.
(오후에) 소나기가 내렸다.

05 It's raining[snowing].

비가(눈이) 와.

06 It's pouring.

비가 퍼붓고 있다.

07 It rained during the night.

밤사이에 비가 왔어.

08 The rain stopped.

비가 그쳤다.

09 How deep is the snow?

눈이 얼마나 왔니?

10 It's two meters deep.

눈이 2미터나 쌓였어

11 It is likely to become heavy snow.

큰 눈이 올 것 같아.

12 It's a snowstorm.

눈보라가 친다.

13 It's turned to sleet.

진눈깨비로 바뀌었다.

14 We had the first snowfall.

첫눈이 내렸어.

15 The snow in the yard started to melt.

마당에 눈이 녹기 시작했다.

03-43

Scene 15 날씨; 기타

01 The fog is rolling in.
안개가 끼고 있다.

02 There was frost last night.
어젯밤에 서리가 내렸다.

03 It's thundering.
천둥이 친다.

04 Lighting is flashing.
번개가 치고 있다.

05 Lighting struck the metal tower.
철탑에 번개가 떨어졌다.

06 There was an earthquake this morning.
오늘 아침에 지진이 있었다.

07 There is no threat of a tidal wave.
해일의 우려는 없다.

03-44

Scene 16 사계절; 봄

01 Spring will be here soon.
이제 곧 봄이야.

02 I can hardly wait for spring.

봄이 빨리 왔으면 좋겠어.

▲ can hardly wait for ~/can't wait for ~는 '~가 빨리 왔으면 좋겠다, ~가 너무 기대된다'라는 의미이다.

03 The signs of spring are unmistakable.

봄기운이 완연하다.

▲ unmistakable은 '틀림없는, 명백한'

04 It's been getting warmer lately. / It's getting warmer.

날씨가 점점 포근해지고 있어.

05 The days are getting longer, aren't they?

해가 점점 길어지지?

06 The cherry trees have come into bloom.

벚꽃이 피었어.

07 It's cherry blossom viewing season.

벚꽃을 구경하는 계절이다.

03-45

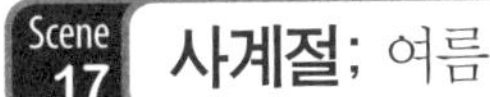

사계절; 여름

01 Aren't the new green leaves lovely?

신록이 아름답지 않니?

02 The Rainy season is here[finally over].

장마가 시작됐다(드디어 끝났다).

03 It's getting hot, isn't it?
날씨가 점점 더워지지?

04 It's too hot.
날씨가 너무 덥다.

05 We've been having virtually tropical heat night after night.
열대야가 계속되고 있다.

03-46

Scene 18 사계절; 가을

01 It's cooling down, isn't it?
날씨가 서늘해졌지?

02 Summer is over, isn't it?
여름은 끝났지?

03 It's been a lot more comfortable now that the heat is abating.
더위가 수그러드니까 지내기가 편해졌어.

04 Autumn is here, isn't it?
이제 가을이지?

05 I can hear crickets. / Crickets are chirping.
귀뚜라미가 우네.

06 Fall is a season for big appetites.
가을은 식욕이 왕성한 계절이야.

07 It's the season for beautiful autumn leaves.
가을은 단풍이 아름다운 계절이야.

03-47

Scene 19 사계절; 겨울

01 The wind has gotten colder.
바람이 차가워졌어.

02 A cold, dry winter wind was blowing.
춥고 건조한 겨울바람이 불고 있었다.

03 It's getting pretty cold, isn't it?
날씨가 꽤 추워졌지?

04 The days are getting really short.
해가 점점 짧아지고 있어.

05 A frost has formed on the ground outside.
밖에 서리가 내렸어.

06 Winter is here at last.
드디어 겨울이 왔다.

07 The morning and evening chill are getting more and more harsh.
아침저녁의 추위가 갈수록 심해지네.

08 When is it finally going to get warmer?
언제쯤 날씨가 따뜻해질까?

연애·결혼

03-48

Scene 01 첫 만남

01 Are you seeing anyone now? / Are you going out with anybody?
지금 사귀는 사람 있니?

02 I have[don't have] a girlfriend.
나는 애인이 있어[없어].

03 Let's be friends
우리 사귀자.

04 I'm in love with her.
나는 그녀와 사랑에 빠졌어.

05 Can I call you?
전화해도 돼?

06 Would you mind telling me your e-mail address?
이메일 주소 좀 알려 줄래요?

▲ '연락처 좀 알려 줄래요?'는 Could you tell me how to get in touch with you? / How can I get in touch with you?라고 한다. '전화번호가 어떻게 돼요?'는 What's your phone[cell phone] number?

07 Call my cell phone.
내 핸드폰으로 전화해.

08 I want to get to know you better.
당신을 더 잘 알고 싶어.

09 I'd like to introduce you to my family.
당신을 우리 가족에게 소개하고 싶어.

10 What do you think of me?
날 어떻게 생각해?

11 Would you go out with me?
나랑 데이트할래?

12 Can I hold your hand?
손을 잡아도 돼?

▲ '물론이야!'는 Of course! / Why not? / How could I say no? 등으로 말합니다.

13 I can't get her out of my mind.
난 그녀를 잊을 수가 없어.

14 I like her best. / She's my favorite.
난 그녀가 정말 좋아.

15 I think he has a crush on you.
I think he likes you.
그 남자 너한테 반한 것 같아.

16 We hit it off immediately.
우린 만나자마자 사랑에 빠졌어.

Scene 02 고백

01 It was love at first sight.
첫눈에 너한테 반했어.

02 You're my type. / You are just the person I've been dreaming of.
넌 내 이상형이야.

03 I'd like to ask you out on a date.
데이트 신청을 하고 싶어.

04 I'm always thinking about you. I like you.
항상 너를 생각해. 난 네가 좋아.

05 You're the most beautiful woman I know.
넌 내가 아는 가장 아름다운 여자야.

06 I need you.
난 네가 필요해.

07 I've never felt like this before.
이런 느낌은 처음이야.

08 I'm happy to have known you. / I'm so glad I met you.
널 알게 되어 기뻐.

09 I love you. It was fate that brought us together.
사랑해. 널 만난 건 운명이었어.

10 I'm crazy for you.
네가 너무 좋아.

11 I can't think of anyone else but you. / You're the only one for me.
나한테는 너밖에 없어.

12 I can't go on without you.
너 없이는 살 수 없어.

13 I'll never let you go.
절대 너를 보내지 않을 거야.

14 I'd like you to stay with me.
네가 쭉 옆에 있으면 좋겠어.

03-50

Scene 03 실연

01 She's been distant lately. / She's been so cold recently.
그녀가 요즘 쌀쌀맞게 굴어.

02 She's having an affair.
그녀가 바람을 피우고 있어.

03 She's said she wants to break up with me.
She started talking about splitting up.
그녀가 나와 헤어지고 싶대.

04 I broke up with her.
그녀와 헤어졌어.

05 We're through.
우린 다 끝났어.

06 It wasn't meant to be.
인연이 아니었어.

07 She dumped me.
그녀가 나를 찼어.

08 It ended up as an one-sided love. / I only carried a torch for her.
짝사랑으로 끝났어.

09 It was destined to end up like this.
이렇게 끝날 운명이었어.

10 She isn't the only woman in the world for me.
There are plenty of fish in the sea.
세상에 여자가 그녀만 있는 게 아니야.

11 I'll find someone else.
다른 사람을 찾을 거야.

03-51

Scene 03 이별할 때

01 Let's just stay friends. Thanks for all the good times.
그냥 친구로만 지내자. 좋은 시간 보내줘서 고마워.

02 I think we should stop seeing each other.
우리 그만 만나는 게 좋겠어.

03 I've found somebody else.
나 다른 사람이 생겼어.

04 I don't like you anymore. / My feelings for you have changed.
이젠 널 좋아하지 않아.

05 I hate you!
네가 정말 싫어!

06 I didn't think he was such a jerk.
그가 그렇게 멍청한 줄 몰랐어.

07 Don't call me again.
다신 나한테 전화하지 마.

08 We were separated.
우린 헤어졌어.

09 There are other fish in the sea.
There's somebody out there for you.
더 좋은 사람을 만나.

03-52

Scene 04 싸움, 화해

01 I had a fight with Mary. The fight was about nothing.
메리와 사소한 문제로 싸웠어.

02 Let's take a little time to cool off.
냉각기를 좀 갖자.

03 Can't we start over?
우리 다시 시작할 순 없겠니?

04 Of course you're important. / Of course I need you.
물론 넌 나에게 소중한 사람이야.

05 I'm sorry. Let's make up.
미안해. 화해하자.

06 Let's forgive and forget!
용서하고 잊자!

07 All they ever do is fight.
그들은 항상 싸우기만 해.

08 I just can't give up on her.
난 도저히 그녀를 포기할 수 없어.

09 Why don't you stop fighting now?
이제 그만 좀 싸우지 그러니?

03-53

Scene 05 청혼

01 Will you do me the honor of accepting this ring?
이 반지를 받아 주시겠어요?

02 Let's stay together forever.
영원히 함께 지내자.

03 I can't imagine life without you. Will you marry me?
너 없는 삶은 상상할 수 없어. 나와 결혼해 줄래?

04 Naturally. / Of course.

물론이지.

05 It's like a dream! / I must be dreaming!

마치 꿈을 꾸는 듯한 기분이야!

06 I'll be a good wife to you.

좋은 아내가 될게.

07 I have no intention of getting married yet. / I'm not getting married yet.

난 아직 결혼할 생각은 없어.

08 He proposed.

그가 청혼을 했어.

09 I accepted his proposal.

그의 청혼을 받아줬어.

10 How did he propose to you?

그가 어떻게 너한테 청혼을 했니?

03-54

Scene 06 약혼, 결혼

01 I am engaged to Mary. / Mary and I are engaged.

메리와 난 약혼했어.

02 I'm marrying her. / We're getting married.

나 그녀와 결혼해.

03 I'm getting remarried to her.

나 그녀와 재혼해.

▲ '재혼'은 second marriage라고도 한다. first marriage(초혼) / early marriage(조혼) / late marriage (만혼)

04 I had a marriage meeting.

나 선봤어.

05 We had an arranged marriage.

우린 중매결혼했어.

▲ love marriage(연애결혼) / intermarriage(국제결혼)

06 A friend introduced me to my wife.

친구 소개로 아내를 만났어.

07 I met my wife in high school.

고등학교 시절에 아내를 만났어.

CHAPTER 07 의식

03-55

Scene 01 결혼식

01 We've set the date for our wedding.
우리 결혼 날짜를 잡았어.

02 We've sent out invitations for the wedding ceremony.
결혼 청첩장을 발송했어.

03 We've exchanged our betrothal gifts.
우린 약혼 예물을 교환했어.

04 We went together to pick out our wedding rings.
우린 같이 결혼반지를 사러 갔었어.

05 When do you want to have our wedding ceremony?
우리 결혼식은 언제 할까?

06 I wonder where would be a good place to have our wedding.
예식장은 어디가 좋을지 모르겠어.

07 What dress are you going to change into at the reception?
피로연에서 어떤 옷으로 갈아입을 거니?

08 Where do you want to go for our honeymoon?
신혼여행은 어디로 가고 싶어?

09 What kind of thank-you gifts do you want to hand out to guests at the reception?
답례품은 뭐로 할까?

10 I've asked an old friend to MC at our wedding reception.
피로연 사회는 옛 친구에게 부탁했어.

▲ MC는 master of ceremonies의 줄임말로 '사회자'를 말한다.

11 We held our wedding ceremony at a church.
우린 교회에서 결혼식을 했어.

12 We had our wedding ceremony with only immediate family present.
가까운 가족들만 참석한 가운데 결혼식을 했어.

13 The bride and groom are making their entrance.
And now, the entrance of the bride and groom.
신랑 신부 입장입니다.

14 I've been invited to a wedding.
I was invited to the wedding.
결혼식에 초대받았어.

15 What would make a good wedding gift?
결혼 선물로 뭐가 좋겠니?

16 I wish you lifelong happiness.
두 사람 평생 행복하길 빌어.

03-56

Scene 02 장례식

01 One of my relatives passed away.
친척 중 한 분이 돌아가셨어.

02 He lived a full, long life.
그분은 천수를 누리셨어.

03 The funeral was attended by close family members only.
장례식에는 가까운 가족들만 참석했다.

04 Who is going to serve as chief mourner?
누가 상주를 할 건가요?

05 The hearse leaves the house at 5:00.
영구차는 5시에 집을 떠납니다.

06 The interment of my father's ashes is tomorrow.
아버지의 납골은 내일입니다.

07 I gave the memorial address at the funeral.
나는 장례식에서 추도사를 했다.

08 His body was cremated where he was staying while traveling.
그의 시신은 여행지에서 화장되었다.

09 The formal funeral ceremony will be held in his hometown.
공식적인 장례식은 그의 고향에서 거행될 예정이다.

10 It was a solemn burial service.
장례식은 엄숙하게 거행되었다.

11 He was entombed at his grave.
그는 묘지에 매장되었다.

12 I'm in mourning.
저는 상중이에요.

13 We went to the wake.
우린 초상집에 갔었다.

14 We offered incense before the memorial tablet.
영전 앞에서 분향을 했어.

15 The news of his death came so suddenly. I can't believe it.
그분이 갑자기 돌아가셨다는 소식을 들었어요. 믿을 수가 없네요.

16 I was shocked by the unexpected, heartbreaking news.
뜻밖의 비보에 충격을 받았어요.

17 I never dreamed he would pass away at such a young age.
그가 그렇게 젊은 나이에 죽을 줄은 상상도 못했어요.

18 I'd like to express my heartfelt gratitude for the warmth and kindness that you all showed him in life.
고인의 생전에 베풀어주신 따뜻함과 친절에 진심으로 감사드립니다.

19 With his family taking care of him, he was able to pass away with peace of mind.
그분은 가족이 지켜보는 가운데 편안히 돌아가셨어요.

20 Please accept my sincere condolences.
진심으로 애도의 뜻을 표합니다.

Scene 03 기타 의식

01 When is your graduation ceremony?

졸업식은 언제니?

02 There'll be a thank-you banquet for the teachers after the graduation ceremony.

졸업식 후에 사은회가 있을 겁니다.

03 This year is our golden anniversary.

올해는 우리 금혼식이다.

▲ 금혼식은 결혼 50주년을 말한다. wedding anniversary(결혼기념일) / silver anniversary(은혼식; 결혼 25주년) / diamond anniversary(금강혼식; 결혼 60주년)

04 A ceremony was held to commemorate the 100th anniversary of its establishment.

창립 백 주년 기념식이 거행되었다.

05 I participated in the groundbreaking ceremony.

나는 기공식에 참석했었다.

06 They held an opening ceremony for the new expressway.

고속도로 개통식이 거행됐다.

07 The mayor cut the tape at the expressway opening ceremony.

시장은 고속도로 개통식에서 테이프를 끊었다.

08 Where are you going to hold your coming-of-age ceremony?

성년식은 어디서 할 거니?

09 There's an initiation ceremony for new employees tomorrow.
내일 신입사원 입사식이 있어요.

10 A ship launching ceremony was held.
They launched a ship.
배 진수식이 거행되었다.

11 I was invited to the inauguration ceremony for a new company building.
나는 신사옥 낙성식에 초대받았다.

12 I'll make the fair-play pledge at the opening ceremony.
저는 개회식에서 선수선서를 할 겁니다.

13 The closing ceremony begins in the afternoon.
폐회식은 오후에 시작됩니다.

14 When does the acceptance ceremony start?
시상식은 언제 시작합니까?

15 I went to an unveiling ceremony.
나는 제막식에 갔었다.

16 Please dress casually on the day of the ceremony.
식을 거행하는 날에는 평상복을 입으세요.

PART 04

일상생활

Chapter **01** 기상·취침
Chapter **02** 가사
Chapter **03** 식사
Chapter **04** 주거
Chapter **05** 쇼핑
Chapter **06** 교통수단
Chapter **07** 통신
Chapter **08** 가계
Chapter **09** 학교
Chapter **10** 회사
Chapter **11** 취미·오락
Chapter **12** 스포츠
Chapter **13** 건강
Chapter **14** 질병·통증

mp3
04–01
~
04–94

CHAPTER 01 기상·취침

04-01

Scene 01 기상

01 Wake up!

일어나!

▲ It's time to wake[get] up.(일어날 시간이야.)

02 Oh, no! I overslept.

이런! 늦잠 잤어.

03 Why didn't you wake me up?

왜 나를 안 깨웠어?

04 I didn't hear the alarm go off.

알람 소리를 못 들었어.

▲ set the alarm for 6:30(6시 30분에 알람을 맞추다) / wake up when the alarm goes off (알람 소리에 잠을 깼다) / forget to put the alarm on(알람 맞추는 걸 깜빡하다) / turn off the alarm (알람을 끄다)

05 Let me sleep just a little longer.

조금만 더 자게 해줘.

06 I wake up at seven every morning.

나는 매일 아침 7시에 일어난다.

07 I sleep in on my days off.

나는 쉬는 날에는 늦잠을 잔다.

▲ sleep in은 의도적으로 더 자고 싶어서 늦잠을 자는 것을 말한다.

08 Make your bed as soon as you're up.

일어났으면 바로 침대를 정돈해라.

▲ make the bed는 (자고나서) 잠자리를 정돈하거나 이불을 개는 것을 말한다. fold up the bedding도 같은 의미로 쓸 수 있다.

09 I go jogging before breakfast.

난 아침 식사 전에 조깅을 해.

10 I take my dog for walks when it's cool in the morning.

나는 아침에 날씨가 시원할 때 개를 산책시켜.

04-02

Scene 02 세수, 양치

01 Did you wash your face?

세수했니?

▲ '세수하다'는 wash one's face라고 한다. turn on the water[faucet](물을 틀다) / make a (good) lather(비누거품을 잘 만들다) / scrub one's face(얼굴을 문지르다) / rinse[the soap off] one's face(얼굴의 비누를 잘 헹궈내다) / turn off the water(물을 잠그다) / dry one's face with a towel(수건으로 얼굴을 닦다) 등이 있다.

02 I washed my face with cold water.

찬물로 세수했어.

03 Could you grab me the towel for my face?

수건 좀 갖다 주겠니?

04 I use anti-pimple facial soap.
난 여드름방지 세숫비누를 쓰고 있어.

05 You should brush your teeth three times a day.
하루에 세 번 이를 닦아야 한다.

▲ brush one's teeth(이를 닦다) / brush one's teeth with an electric toothbrush(전동칫솔로 이를 닦다) / put toothpaste on the toothbrush(칫솔에 치약을 묻히다)

06 I brush my teeth after every meal.
난 식후에 이를 닦는다.

07 Brush your teeth before you go to bed.
자기 전에 이를 닦아라.

08 I think I'll use my new toothbrush.
새 칫솔을 사용해야 할 것 같아.

09 I've got to shave.
면도를 해야겠어.

▲ put shaving foam[cream] in one's hand(면도크림을 손에 묻히다) / put shaving foam[cream] on one's face(면도크림을 얼굴에 바르다) / put on after-shave lotion(애프터 쉐이브 로션을 바르다)

04-03

Scene 03 목욕, 샤워

01 I like taking a bath in the morning.
나는 아침에 목욕하는 것을 좋아한다.

▲ '목욕(샤워)하다'는 take a bath / take a shower라고 한다.

02 I washed myself with soap.
비누로 몸을 씻었어.

03 Fill the bath with water.
욕조에 물을 채워라.

04 Get the bath ready.
목욕물을 준비해줘.

05 The water is overflowing the bathtub!
욕조에 물이 넘치고 있어!

06 Shall we go to the public bath?
대중목욕탕에 갈래?

07 I'd like to take a hot shower.
뜨거운 물로 샤워하고 싶어.

08 Dry yourself with this bath towel.
이 목욕수건으로 몸을 닦아라.

09 This shampoo is gentle on your hair.
이 샴푸는 순하다.

10 Soap is stinging my eyes.
비누 때문에 눈이 따끔거린다.

11 I dry my hair with a hair dryer.
헤어드라이어로 머리를 말렸어.

12 I completely forgot to brush my hair.
머리 빗는 걸 깜빡했어.

04-04

Scene 04 화장실

01 The bathroom is occupied?

화장실에 사람이 있니?

▲ use the bathroom[toilet](화장실을 이용하다)

02 The toilet won't flush.

변기에 물이 안 내려가요.

03 We've run out of toilet paper.

화장지가 다 떨어졌어.

04 The drain is clogged with toilet paper.

배수구가 화장지로 막혔어.

▲ toilet stall(변좌) / toilet tank(변기수조) / toilet drain(변기배수관)

05 The water supply has been cut off.

단수가 되었다.

06 I turned the faucet, but no water came out.

수도꼭지를 틀어도 물이 안 나왔어.

07 Water is dripping from the tap.

수도꼭지에서 물이 똑똑 떨어지고 있다.

08 Don't leave the water running.

물을 틀어 놓지 마라.

09 The septic tank needs cleaning.

정화조 청소를 해야겠어.

10 The water pipe burst because of the cold.
추위로 수도관이 파열되었다.

11 We've to call the plumber.
배관공을 불러야겠어.

Scene 05 취침

04-05

01 I had a good night's sleep.
간밤에는 푹 잤다.

02 He's sleeping like a log.
그는 세상모르고 자고 있어.

03 I didn't get a wink of sleep last night.
간밤에 잠 한숨 못 잤어.

04 The noise disturbed my sleep.
소음 때문에 잠을 못 잤어.

05 Your snoring kept me awake.
네 코 고는 소리에 잠이 깼어.

06 You were tossing and turning a lot.
You tossed and turned in your sleep.
너 자면서 많이 뒤척이더라.

07 You were talking in your sleep.
너 잠꼬대를 했어.

08 I'm a light sleeper.
나는 잠귀가 밝아.
▲ light sleeper는 '잠귀가 밝은 사람' 반대로 '잠귀가 어두운 사람'은 heavy sleeper라고 한다.

09 I took a nap for an hour after lunch.
점심을 먹고 한 시간 동안 낮잠을 잤어.

10 I had a dream about my late grandmother.
돌아가신 할머니 꿈을 꾸었어.

11 I had a cup of coffee to keep me awake.
졸음을 깨우기 위해 커피를 한 잔 마셨다.

12 I sleep on my stomach[back].
나는 엎드려(바로 누워) 자.

13 He is sleeping with his arms and legs spread out.
그는 큰대자로 자고 있어.

14 My brother and I sleep in bunk beds.
나와 남동생은 2단 침대를 써.

15 Throw a sheet over the bed.
침대 위에 시트를 깔아라.

16 I'm the type who can't sleep on an unfamiliar pillow.
나는 베개가 바뀌면 잠을 못 자는 성격이야.

가사

04-06

Scene 01 요리

01 I cook for myself.

나는 직접 음식을 해 먹어.

02 I'm not good at cleaning fish.

나는 생선 손질을 잘 못 해.

03 Can you pare an apple with a knife?

칼로 사과를 깎을 수 있니?

▲ pare 대신에 peel를 써도 된다. 둘 다 '깎다, 껍질을 벗기다'라는 의미이다.

04 Cut the watermelon in half.

수박을 반으로 잘라라.

▲ '썰다, 자르다'라는 의미를 가진 동사로 cut과 chop이 있다. slice는 얇게 써는 것을 말하고, dice는 네모나게 써는 것을 말한다.

05 You don't have to wash this rice.

이 쌀은 씻을 필요가 없어.

06 I'll fry spinach with butter.

버터에 시금치를 볶을 거야.

▲ '(기름에) 튀기다, 볶다, 지지다'는 동사 fry를 쓴다. deep[pan]-fry는 튀김기(프라이팬)에 튀기는 것을 말하며, 볶는 것은 stir-fry 또는 sauté라고 한다.

07 Sprinkle salt and pepper on the fish.
생선에 소금과 후추를 뿌려.

08 Coat the meat with bread crumbs.
고기에 빵가루를 입혀.

09 Add two tablespoonfuls of sugar to the butter.
버터에 설탕 두 스푼을 넣어.

10 Wrap the fish in foil.
생선을 포일에 싸.

11 I'm broiling eels over charcoal.
숯불에 장어를 굽는 중이야.

▲ '굽다'라는 의미를 가진 다양한 동사가 있다. broil은 석쇠(숯불)에 고기를 통째로 굽는 것을 말하고, roast는 오븐이나 불에 직접 고기 등을 굽는 것, grill은 고기나 생선 등을 석쇠나 프라이팬에서 굽는 것을 말한다. 또한 bake는 빵을 오븐에서 굽는 것을 말한다.

12 Oil splattered out of the frying pan.
기름이 프라이팬에서 튀었다.

▲ cutting board(도마) / grater(강판) / ladle(국자) / pot(냄비, 솥) / spatula(뒤집개) / strainer(거르개) / tongs(집게) / whisk(거품기)

13 The fire charred the fish.
불에 생선이 까맣게 탔어.

14 The toast was burnt to a cinder.
토스트가 새까맣게 타버렸어.

15 This steak is overcooked.
이 스테이크는 너무 익혔다.

16 This fish isn't cooked well.
이 생선은 덜 익었어.

17 I'm thawing out the frozen beef.
냉동 쇠고기를 해동하고 있어.

18 Would you mind heating this up?
이걸 좀 데워 주겠니?

19 Don't put eggs in the microwave.
계란을 전자레인지에 넣으면 안 돼.

20 Stew the beef on low heat for 5 hours.
쇠고기를 5시간 동안 약한 불로 고아라.

21 Boil some water.
물을 좀 끓여.

22 The kettle is steaming.
주전자에서 김이 난다.

23 The pot is boiling over.
냄비의 국물이 끓어 넘치고 있어.

24 Put the lid on the pot.
냄비 뚜껑을 덮어.

25 Shake the bottle before you open it.
병을 열기 전에 흔들어.

26 This kitchen knife cuts well.
이 부엌칼은 잘 든다.

▲ well 대신에 badly를 쓰면 '잘 들지 않는다'라는 의미가 된다.

Scene 02 설거지

01 Could you help me do the dishes?
설거지 좀 도와주겠니?

02 We'll be in charge of dishwashing.
설거지는 우리가 할게.

03 OK, then we'll dry and put the dishes in the cabinet.
좋아. 그럼 우리는 그릇을 말려서 찬장에 넣을게.

04 Let's take the dirty dishes to the sink.
더러운 식기를 싱크대로 옮기자.

05 Isn't there a dishwasher in this house?
Doesn't this house have a dishwashing machine?
집에 식기세척기 없니?

06 Don't forget to wash the pot.
냄비 설거지 하는 거 잊지 마.

07 We're out of dishwashing liquid.
세제가 다 떨어졌어.

08 Wrap up the leftovers and put them in the fridge.
남은 음식은 랩으로 싸서 냉장고에 넣어.

09 You've got to wash the Teflon pot with a soft sponge or you'll scratch it.
테프론 냄비는 부드러운 스펀지로 닦지 않으면 흠집이 나.

10 Be careful not to break these glasses. They're very thin.

이 유리컵은 얇으니까 깨지 않도록 조심해.

11 Divide up the leftovers and take them home.

남은 음식은 나눠서 가져 가.

12 Would you mind cleaning up the floor around the table, please?
Please clean up the floor around the table.

식탁 주변 바닥도 치워 주겠니?

세탁

01 I do the laundry at a laundromat.

나는 빨래방에서 세탁을 해.

▲ '세탁(빨래)하다'는 wash clothes / do (the) laundry / do the wash[washing]이라고 한다.

02 I have a lot of wash to do this morning.

오늘 아침은 할 빨래가 많아.

03 She is hanging out the washing to dry.

그녀는 빨래를 널어 말리고 있어.

▲ bring in the laundry(빨래를 걷다) / bring the laundry out; hang up(빨래를 널다) / dry(말리다), rinse(행구다)

04 This stain won't wash out.

이 얼룩은 빨아도 지지 않는다.

05 This cloth washes well.

이 옷감은 세탁이 잘 된다.

06 This T-shirt has shrunk after a few washings.

이 티셔츠는 몇 번 빨았더니 줄었어.

07 This detergent dissolves well in lukewarm water.

이 세제는 미지근한 물에 잘 녹아.

▲ synthetic detergent(합성세제) / neutral detergent(중성세제) / liquid detergent(액체세제)

08 I forgot to bring in the laundry.

빨래 걷는 것을 깜빡했다.

09 The laundry won't dry.

빨래가 마르지 않는다.

10 I had my shirt dry cleaned.

내 셔츠를 드라이클리닝 했다.

11 I sent my trousers to the dry cleaner's.

바지를 세탁소에 보냈다.

12 Will you iron the shirt?

셔츠 좀 다려 줄래?

▲ '주름을 펴다'는 get the wrinkles out이라고 한다.

04-09

Scene 04 재봉

01 I'll have to sew the buttons on.

단추를 달아야겠어.

▲ '꿰매다, 바느질하다'는 sew (up) 또는 stitch를 사용한다. '재봉틀로 꿰매다'는 sew with the sewing machine이라고 한다.

02 My pants are frayed. Could you stitch them for me?
바지가 닳아 떨어졌어. 바지 좀 꿰매 주겠니?

03 Maybe I'll use the sewing machine.
Maybe I should sew it with the machine.
재봉틀로 꿰매야겠어.

04 Could you take up these pants for me?
바지 단 좀 줄여줄래?

▲ '바지 단을 1센티미터 줄이다'는 take up the pants by 1 cm라고 한다. take in a dress at the waist(허리 품을 줄이다) / take up the hem(바지 기장을 줄이다)

05 Could you make the sleeves a bit shorter?
소매길이를 약간 줄여줄래?

06 Let out the waist three centimeters, please.
허리 품을 3센티미터 늘려줘.

07 I'm not very good at sewing.
나는 바느질이 서툴어.

08 Could you thread this needle, please?
이 바늘에 실을 꿰어 줄래?

09 Could you hand me the sewing box?
반짇고리 좀 갖다 줄래?

10 The white thread ran out. / I'm out of white thread.
흰 실이 떨어졌어.

04-10

Scene 05 청소

01 The desk is covered with dust.
책상에 먼지가 쌓였어.

02 Dust off the shelf.
선반에 먼지를 털어.

▲ dust는 동사로 쓰면 '먼지를 털다(닦다)'라는 의미이다.

03 We'll do the housecleaning this weekend.
우린 주말에 집 대청소를 할 거야.

▲ '대청소하다'는 clean the whole house라고 할 수도 있다.

04 I clean my room every day.
나는 매일 내 방을 청소해.

05 Let's replace these dirty curtains.
이 더러운 커튼을 바꾸자.

06 I'll vacuum the living room.
내가 진공청소기로 거실을 청소할게.

07 Wipe the floor with this rag.
이 걸레로 바닥을 닦아.

08 You have to scrub the tile floor with a brush.
타일 바닥은 솔로 문질러 닦아야 해.

09 Put the books away in the bookcase.
책을 책장에 치워.

▲ put away는 원래 있던 자리로 치워 정리하는 것을 말한다.

10 Put these dolls on the shelf.

이 인형들을 선반 위에 올려놔.

11 It's time we got rid of these magazines.

이 잡지들을 처분해야 할 때가 됐어.

12 Where's the dustpan?

쓰레받기 어디 있니?

▲ rubber gloves(고무장갑) / mop(대걸레) / duster(총채) / broom(비)

04-11

Scene 06 쓰레기 분리수거

01 Sort the trash before throwing it out.

쓰레기를 버리기 전에 분류해라.

▲ 집안의 쓰레기도 휴지 종류는 trash라고 하고, 부엌쓰레기는 garbage라고 한다. '쓰레기통'은 trash[garbage] can이라고 한다.

02 They collect trash according to type in this town.

이 마을에서는 쓰레기를 분리수거한다.

▲ burnable[unburnable] trash(소각할 수 있는(없는) 쓰레기) / garbage truck(쓰레기 수거차) / separate[sort] trash(쓰레기를 분류하다) / bulky garbage(대형 폐기물) / landfill(매립지) / paper recycling(폐지수거) / recyclable materials collection(폐품수거) / glass bottle collection(유리병 수거) / garbage[trash] incineration(쓰레기 소각) / waste disposal site(폐기물 처리장)

03 On which days do they collect bulky refuse?

부피가 큰 쓰레기는 며칠에 수거하나요?

04 The trash truck comes around at about eight o'clock.

쓰레기차는 8시경에 와.

05 Uncollected trash are piled up here.

여기에 수거가 안 된 쓰레기가 쌓여 있다.

식사

04-12

Scene 01 식탁에서

01 Would you set[clear] the table?
식탁 좀 차려(치워) 주겠니?

02 Please help yourself.
맘껏 들어.

03 Can I get you something?
뭐 좀 갖다 줄까?

04 Would you like another helping?
좀 더 드실래요?

05 I ate three helpings of pie.
파이를 3인분 먹었어.

▲ 1인분은 helping / portion / serving이라고 하고, 2인분(곱빼기)은 double helping / double portion이라고 한다.

06 Would you care for some more cake?
케이크 좀 더 먹을래?

07 Spread this jam on the bread.
이 잼을 빵에 발라.

08 Pass me the salt, please.
소금 좀 건네줘.

09 Shall I dish out the salad?
샐러드 좀 담아줄까?

10 Please carve me a piece of meat.
고기 한 조각 잘라 줘.

11 This beef is too tough to bite off.
이 쇠고기는 너무 질겨서 먹을 수가 없어.
▲ '부드러운, 연한'은 tender 또는 soft라고 한다.

12 I have a fish bone stuck in my throat.
생선 가시가 목에 걸렸어.

13 Don't burp at the table.
식탁에서 트림하지 마.

14 Don't slurp your soup.
수프를 소리내면서 먹지 마.

15 Chew your food well.
잘 씹어 먹어.

16 Clean your plate.
남기지 말고 다 먹어.

17 Don't be such a picky eater.
편식하지 마.

18 Don't spill it.
흘리지 마.

19 It was delicious. Thank you.

맛있게 먹었어. 고마워.

20 I've had enough, thank.

잘 먹었어. 고마워.

01 Let me have a taste.

맛 좀 보자.

02 How does this taste? / How do you like this?

이거 맛이 어때?

03 This tastes awful.

이거 정말 맛이 없어.

▲ 맛이 있다는 appetizing; mouthwatering(먹음직스러운) / good; delicious(맛있는), savory(향긋한) / tempting(구미가 당기는) / wonderful; great; yummy; scrumptious(아주 맛있는) 등의 형용사를 써서 나타낼 수 있다.
맛이 그저 그렇다'는 OK(그럭저럭 괜찮은) / edible(먹을 만한) / not bad(나쁘진 않은) / palatable (그럭저럭 입에 맞는) 등이 있다.
맛이 없다는 not good; bad-tasting; flat; gross; unsavory(맛없는) / bland; tasteless(아무 맛도 없는) / unappetizing(구미가 안 당기는) / awful; terrible(역겨운) 등의 형용사를 써서 나타낼 수 있다.

04 It's red hot.

정말 매워.

▲ hot 이외에 spicy / fiery도 매운 맛을 나타내는 형용사이다.

05 It's a little salty. / It's a bit on the salty side.
좀 짠 편이야.

06 It's too sweet.
너무 달아.
▲ sugary, sweetish도 단맛을 나타낼 때 쓸 수 있다.

07 It's sweet and sour.
맛이 새콤달콤해.

08 This tastes bitter.
이거 쓴맛이 나.

09 It has a bittersweet taste. / It's a little bitter. / It's bitterish.
달콤쌉쌀해.

10 It has a lightly acidic taste. / It's sour.
It's got a sourness to it.
약간 신맛이 나.
▲ acid나 acidic는 매우 신맛을 의미한다. '신, 새콤한'의 의미로는 sour 외에 tart / vinegary도 쓸 수 있다.

11 This dressing has a light, refreshing taste.
이 드레싱은 맛이 담백하고 상큼해.

12 It has a simple, light taste.
맛이 깔끔하고 담백해.

13 The flavor might be a little too strong.
It might be a little overpowering.
맛이 좀 진할 지도 모르겠어.

14 I like flavors that are a little weaker.
나는 좀 묽은 맛을 좋아해.

15 It's oily, isn't it?
느끼하지 않니?

16 This sauce has a lot of body.
이 소스는 감칠맛이 있어.

▲ 여기서 body는 '감칠맛'을 나타낸다.

17 It tastes mellow and has body, doesn't it?
깊은 감칠맛이 있지, 그렇지?

18 It's a thin soup, isn't it? / This soup is watery, isn't it?
수프가 멀겋지 않니?

19 It's heavy and rich.
맛이 진하고 기름져.

20 It's a little bland. I think it needs something.
It needs a little something – I don't know what.
맛이 싱거워서 뭐가 좀 부족한 것 같아.

21 It has a good aftertaste.
그건 뒷맛이 좋아.

주거

04-14

Scene 01 부동산에서

01 Could you introduce me to a reliable real estate agent?
믿을 수 있는 부동산 중개인을 소개해 줄래요?

02 I'm looking for an apartment with a good view.
전망 좋은 아파트를 찾고 있어요.

▲ house to rent(셋집) / condominium(분양아파트) / detached house(단독 주택) / single-story building(단층집) / two-story building(이층집)

03 I want to rent a studio apartment.
원룸을 빌리고 싶어요.

04 Is it new building?
신축한 건물인가요?

05 It was built 10 years ago.
지은 지 10년 됐어요.

06 It has its own parking spaces.
그곳은 자체의 주차 공간이 있어요.

▲ have[has] a parking space for two cars(두 대를 주차할 수 있는 주차장이 있다.) / have[has] a living room and a dining room on the first floor.(1층에 거실과 식당이 있다.)

07 It is three-bedroom condo.

침실이 세 개 있는 아파트입니다.

08 Is it a furnished apartment?

가구가 비치된 아파트인가요?

09 What floor is this apartment on?

이 아파트는 몇 층에 있어요?

10 It's on the sixth floor of a ten-story building.

10층 건물의 6층에 있어요.

▲ 미국과 영국에서는 층수를 세는 방법이 다르다. 1층은 first floor(미); ground floor(영), 2층은 second floor(미); first floor(영)라고 한다.

11 Is there an elevator?

엘리베이터가 있나요?

12 Does the super live on-site?

관리자가 그 아파트에서 사나요?

13 Are pet allowed?

애완동물은 허용되나요?

14 Is it conveniently located? / How's the access to transportation?

교통은 편리한가요?

15 Is there an elementary school nearby?

근처에 초등학교는 있나요?

16 Is this a safe area?

여기가 안전한 지역인가요?

17 How much is the rent?

임대료는 얼마에요?

18 How much needs to be paid up-front?
How much is the down payment?

계약금은 얼마인가요?

19 The deposit is two months' rent.

보증금은 두 달 치 월세입니다.

20 You need a guarantor.

보증인이 있어야 합니다.

21 Can I move in right away?

바로 입주할 수 있나요?

U4-15

이사

01 Where are you moving to?

어디로 이사하니?

▲ move(이사하다) / move in(이사 오다) / move out(이사 가다) / mover[moving] company(이삿짐 회사) / moving van(이삿짐 트럭) / pack (up) (one's thing)(이삿짐을 싸다)

02 When are you moving? / When is your move going to be?

언제 이사하니?

03 We're moving next month.

우린 다음 달에 이사해.

04 I had the movers send me an estimate.
I got an estimate from the moving company.
이삿짐 회사에서 이사 견적을 받았어.

05 Could you come over and help me move?
이사하는 것 좀 도와줄래?
▲ help+A(사람)+to부정사의 경우 to를 생략할 때가 많다.

06 I moved to a new apartment.
새 아파트로 이사했어.

07 Let me know your new address.
바뀐 주소 좀 알려줘.

08 Have you finished the resident registration?
주민등록은 다 마쳤니?

09 Let's have a housewarming party.
집들이를 하자.
▲ '집들이'는 housewarming 대신에 moving-in도 쓸 수 있다.

04-16

방

01 My room faces south.
내 방은 남향이다.

02 This room doesn't get much sunshine.
이 방은 햇빛이 잘 들지 않아.

03 This room is well-ventilated.
이 방은 환기가 잘 된다.

04 Measure the precise dimensions of the room.
그 방의 정확한 치수를 재.

05 This room doesn't have enough space to store all my books.
이 방은 내 책을 보관할 공간이 충분하지 않아.

06 This desk takes up to much space.
이 책상은 공간을 많이 차지한다.

07 Let's open the windows and let fresh air in.
창문을 열어 환기시키자.

08 Draw the curtains.
커튼을 걷어.

09 Raise the blinds.
블라인드를 올려.

10 I'll arrange these flowers in the living room.
거실에 이 꽃을 꽂을게.

11 Someone is knocking on the door.
누가 문을 두드리고 있어.

12 Don't leave the door open.
문을 열어 놓지 마.

13 Don't slam the door.
문을 세게 닫지 마.

14 I forgot to lock the door.

문 잠그는 것을 깜빡했어.

01 This carpet doesn't match the wallpaper.

이 카펫은 벽지와 어울리지 않아.

02 Don't drive nails into the wall.

벽에 못을 박지 마.

03 The wallpaper is peeling.

벽지가 벗겨지네.

04 The stairs creak.

계단이 삐걱거려.

05 Don't stomp on the floor.

쿵쿵거리며 걸어 다니지 마.

06 The washroom is at the end of the hall.

화장실은 복도 끝에 있어.

07 People upstairs are having a party.

위층 사람들이 파티를 하고 있어.

08 Rats are running about in the attic.

다락방에서 쥐가 뛰어다닌다.

Scene 05 정원

01 I do the gardening every Sunday.
나는 일요일마다 정원을 가꿔.

02 The yard is overgrown with weeds.
마당에 잡초가 무성하네.

03 We need to weed the lawn.
잔디밭의 잡초를 뽑아야겠어.

▲ '잡초를 뽑다'는 weed the garden이라고 한다. It is time to cut[mow] the lawn.(잔디를 깎을 시기다.)

04 I'm trimming the hedge.
정원 울타리를 다듬는 중이야.

05 I grow vegetables in my kitchen garden.
나는 텃밭에서 야채를 재배해.

06 He has a green thumb.
그는 정원을 가꾸는 데 솜씨가 있어.

▲ water the garden[lawn/flower](정원(잔디/꽃)에 물을 주다) / add fertilizer to the soil(땅에 퇴비를 주다) / plant seedlings(묘목을 심다) / turn the soil with a spade(삽으로 흙을 뒤집다) / rake the leaves(잎을 긁어모으다) / prune a tree in one's garden(정원의 나뭇가지를 치다)

07 I planted watermelon seeds in my garden.
정원에 수박씨를 심었어.

08 I'm watering the plants.
화초에 물을 주고 있어.

09 Water gushed out of the hose.
호스에서 물이 쏟아져 나왔다.

10 I got wet from the spray.
스프레이 때문에 흠뻑 젖었다.

11 The garden is surrounded by a fence.
정원은 담으로 둘러싸여 있다.

01 I asked the architect to design a house for me.
그 건축가에게 우리 집 설계를 부탁했어.

02 This house is well-planned.
이 집은 설계가 잘 되어 있다.

▲ '이 집은 설계가 잘못되어 있다.'는 This house is badly-planned.

03 This is the layout of my house.
이것이 우리 집의 도면이야.

04 My house is built of wood.
우리 집은 목조이다.

05 He built a three-story house.
그는 3층집을 지었다.

06 I'm planning to add a room to the first floor.
1층에 방을 하나 증축할 계획이야.

07 I'm going to have my house refurbished.
집을 새로 단장할 계획이야.

08 I converted my house into a coffee shop.
집을 커피숍으로 개조했어.

09 My house is being remodeled now.
지금 우리는 집을 개축하고 있다.

▲ '집을 개축하다'는 renovate the house 또는 rebuild[remodel] one's house라고 할 수도 있다.

10 This house is equipped with a solar-heating system.
이 집에는 태양열 시스템이 설치되어 있다.

11 Security equipment is installed in this building.
이 건물에는 보안장치가 설치되어 있다.

04-20

Scene 07 집수리

01 The roof leaks.
지붕이 샌다.

▲ leak은 자동사로 '(액체·기체가) 새다', 명사로는 '누출'이다. The sink[pipe/ceiling] is leaking. (싱크대/배수관/천장이 샌다.)

02 We've got to patch the roof.
지붕을 고쳐야겠어.

03 I'll fix it with a do-it-yourself kit on my day off.
휴일에 DIY 세트로 수리를 해야겠어.

▲ do-it-yourself는 수리 등을 자기 손으로 하는 것을 말한다.

04 We repainted the walls.
벽을 다시 칠했어.

05 It's about time we repapered the walls.
도배를 다시 할 때가 됐어.

06 About how much would it cost to replace the sliding doors?
미닫이문을 교체하는데 비용이 얼마나 들까?

07 Do you think we can have this wall taken out?
이 벽을 없앨 수 있을 것 같니?

08 Home repairs sure are expensive, aren't they?
집수리에는 비용이 많이 들지?

09 The rain gutter is loose and wobbly.
빗물받이가 풀려서 흔들거린다.

10 Could you pass me the nails?
못 좀 집어 줄래?

11 Be careful not to hit your finger with that hammer.
망치에 손을 찧지 않도록 조심해.

12 This saw is dull.
이 톱은 날이 무디다.

13 Didn't we have a nail claw?
집에 못뽑이 없었니?

▲ '못뽑이'는 nail claw 또는 nail puller라고 한다.

14 Here's the toolbox. / I brought the toolbox.
공구 상자 가져왔어.

쇼핑

04-21

Scene 01 매장을 찾을 때

01 I'll go shopping at a department store.
백화점에 쇼핑하러 갈 거야.

02 What time do you open? / When are you open?
몇 시에 가게 문을 여나요?

03 How late do you stay open?
몇 시까지 영업합니까?

04 Which store has the best range of goods?
다양한 상품을 가장 많이 취급하는 가게는 어디에요?

05 Where can I find stationery?
문구 파는 곳이 어디죠?

06 Where is the tableware department?
식기매장은 어디에 있어요?

▲ furniture store(가구점) / building materials store(건재상) / jeweler's(금은방) / shoe store(신발 가게) / optician's(안경점) / secondhand shop(중고품점) / hardware store(철물점) / convenience store(편의점)

07 Which floor is children's clothing?

아동복은 몇 층에 있어요?

08 Take the elevator up to the third floor.

엘리베이터를 타고 3층으로 올라가세요.

09 Take the stairs from the 9th floor.

9층에서 계단을 이용하세요.

10 There's a sale on children's clothing on the sixth floor.

6층에서 아동복 세일을 합니다.

11 I buy cheese at the food area in the basement.

난 지하 식품매장에서 치즈를 사.

04-22

Scene 02 시식할 때

01 May I help you? / Welcome.

어서 오세요.

▲ Good morning[afternoon / evening]. 등으로 인사할 수도 있다.

02 I'm just looking.

그냥 둘러보는 거예요.

▲ I'm just browsing.도 같은 의미로 쓸 수 있고, Just looking.이라고만 해도 된다.

03 May I take a look at this one?

이것 좀 봐도 될까요?

▲ May I pick it up?(좀 집어 봐도 될까요?) / May I try some?; Can I taste it?(좀 먹어 봐도 될까요?)

04 May I take a look at that tie? The one on the far right.

저 넥타이 좀 봐도 될까요? 오른쪽 끝에 있는 거요.

▲ '왼쪽 끝에 있는 거요.'는 The one on the far left.

05 The third one from the right.

오른쪽에서 세 번째 것입니다.

▲ 왼쪽에서 두 번째 있는 것이면 The second one from the left.라고 한다. That red one.(저 빨간 거요.)

06 Do you have any other colors?

다른 색은 없나요?

07 I'd like this shirt in blue.

이 셔츠를 파란색으로 주세요.

08 Do you have any silk shirts?

실크 셔츠 있어요?

09 I'm looking for a wool sweater.

울 스웨터를 찾고 있어요.

10 I'm looking for a tie to go with this shirt.

이 셔츠에 어울리는 넥타이를 찾고 있어요.

11 Do you have any short-sleeved shirts?

반소매 셔츠 없어요?

▲ 긴 소매 티셔츠는 long-sleeved T-shirt라고 한다.

12 I'd like a polyester blend.

폴리에스테르 혼방이 좋겠어요.

13 I'm looking for a light bag.

가벼운 가방을 찾고 있어요.

14 Do you have the same one?
이것과 같은 것이 있나요?

15 I want platinum jewelry.
백금 액세서리 주세요.

16 I don't want any top brands.
최고 브랜드는 사양할게요.

17 I don't want something too expensive.
너무 비싼 건 사양할게요.

18 Do you have something you can recommend?
추천해줄 만한 거 있어요?

19 Which one is most popular these days?
요즘 가장 인기 있는 게 어느 것이죠?

04-23

사이즈

01 May I try it on? I don't know what size I wear.
입어 봐도 될까요? 내가 몇 사이즈를 입는지 모르겠어요.

02 It's too large[small].
너무 커요(작아요).

03 Do you have a little bigger[smaller] one?
좀 더 큰 것(작은 것) 있어요?

▲ I'd like to see something a bit larger than my size.(제 치수보다 좀 큰 걸 보여 주세요.)

04 Could you turn up the pants? / Could you get the pants shortened?
바지를 줄여 주시겠어요?

05 Could you let the waist out a little?
허리를 늘려 주시겠어요?

06 How much will it cost to do it?
비용이 얼마나 들까요?

07 About how long will it take?
대략 얼마나 걸릴까요?

08 The size is perfect. / It fits perfectly.
사이즈가 딱 맞네요.

09 Does it suit me? / Does it look good on me?
나한테 어울리나요?

10 It looks great on you. / It suits you well.
당신한테 아주 잘 어울려요.
▲ '이게 더 잘 어울려요.'는 This one looks better on you. / This one suits you better.

04-24

Scene 04 상품에 관해 물을 때

01 What is this made of?
이건 뭐로 만든 건가요?

02 This coat is waterproof.
이 코트는 방수가공이 되어 있습니다.

03 Can I wash this at home?

집에서 세탁해도 되나요?

04 Does this require dry cleaning?

이건 드라이클리닝을 해야 하나요?

05 This ring is selling well.

이 반지는 잘 팔립니다.

06 This design is out of fashion.

이 디자인은 유행이 지났어요.

07 It's a new product. You can only find it here.

그건 신제품입니다. 여기에서만 찾을 수 있는 물건입니다.

08 They've got a limited run of 50.

50개 한정판입니다.

09 Is it a domestic product?

국산인가요?

▲ '수입품인가요?'는 Is it an import? / Is this imported?라고 한다. It's made in Italy.(이탈리아 제품이에요.)

10 Does it come with a guarantee?

보증서가 들어 있나요?

11 This is on sale.

이 상품은 세일 중입니다.

12 It is a sale item.

그건 세일 품목입니다.

13 That's the best buy.
아주 싸게 사시는 겁니다.

14 This isn't for sale.
이건 파는 물건이 아닙니다.

15 Are these sold as a set?
이것들은 세트로 파는 건가요?

16 Can I buy them separately?
그걸 낱개로 살 수 있나요?

04-25

Scene 05 가격

01 How much is it?
얼마에요?

▲ How much is it altogether?(전부해서 얼마에요?)

02 That's too expensive.
너무 비싸네요.

03 Can you give me a discount?
깎아줄 수 있어요?

04 Do you have anything less expensive?
더 싼 것은 없나요?

▲ Do you have anything cheaper?라고 할 수도 있다.

05 Can I get a discount if I buy in bulk?
대량으로 구입하면 깎아줄 수 있나요?

04-26

Scene 06 지불

01 I'll take this. Do you accept credit cards?

이걸로 할게요. 신용카드 받나요?

▲ '둘 다 살게요.'는 I'll take[buy] them both.

02 We only take cash.

저희 가게는 현금만 받습니다.

03 I'd like to pay for this in two installments.

이것을 2회 할부로 해주세요.

▲ '일시불로 해주세요.'는 Lump sum payment, please.라고 한다. installment(s)(할부) / payment in advance; advance payment; prepayment(선불) / payment in a lump sum; lump sum payment; single payment(일시불) / (monthly) installment plan; hire purchase; deferred payment (system)(후불)

04 There's a mistake in the bill.

계산서가 잘못 되었네요.

05 I don't think you gave me the correct change.

거스름돈을 잘못 주신 것 같아요.

06 I think you gave me too much change.

거스름돈을 너무 많이 주신 것 같군요.

07 There should be 47 cents in change.

거스름돈은 47센트여야 합니다.

08 Please wrap it as a gift.

선물용으로 포장해 주세요.

▲ '따로따로 포장해 줄래요?'는 Can you wrap them separately?

09 Tie a ribbon around it, please.
그것에 리본을 달아주세요.

10 May I have a paper[plastic] bag?
종이봉지(비닐봉지) 하나 주시겠어요?

11 Could you deliver this to the hotel?
이것을 호텔로 배달해 주시겠어요?

12 Do you charge for the delivery?
배달료는 받습니까?

04-27

Scene 07 반품, 교환

01 Do you accept returns? It didn't fit.
반품할 수 있어요? 사이즈가 안 맞아요.

▲ '이거 반품할 수 있어요?'는 Can I have[get] a refund on this?

02 Can I exchange this for another item?
이것을 다른 물건으로 교환할 수 있나요?

▲ '새 물건으로 바꿔 줄 수 있어요?'는 Could you change this for a new one?

03 I have a receipt.
영수증을 갖고 있어요.

Scene 08 식료품 구입

01 Go get some sandwich makings.

샌드위치 재료 좀 사와.

02 I stock up on groceries on the weekends.

나는 주말마다 식료품을 사다 놓는다.

03 Vegetables are so expensive lately.

요즘 채소가 너무 비싸.

04 Meat is on sale today.
They're having specials on meat today.

오늘 고기를 세일 중이다.

05 They should cut prices by 30% just before they close.

그들은 폐점 직전에 가격을 30퍼센트 인하할 거야.

06 Soy sauce is inexpensive today, so maybe I'll buy one more bottle.

오늘은 간장이 싸니까 한 병 더 사야겠어.

07 I wonder what the use-by date is. / I wonder when this expires.

유통기한이 언제인지 모르겠어.

▲ used-by 대신에 sell-by나 freshness를 써도 된다.

08 Organic produce is better, even if it costs a little more.
Organic vegetables are better, even if they cost a little more.

좀 비싸도 채소는 유기농이 좋아.

▲ produce는 명사로 '농산물'을 말한다.

09 I'll try a sample.
시식해 볼게요.

10 I'll have three chicken thighs, please.
닭다리 세 개 주세요.

11 I'll have 100 grams of chopped pork.
다진 돼지고기 100그램 주세요.

12 How much ham would you like?
햄은 얼마나 드릴까요?

13 I still have to go buy vegetables.
채소도 사가야 해.

14 Are you out of cabbage for the day?
오늘 양배추는 떨어졌나요?

15 I'd like to have the rice delivered.
쌀은 배달해 주세요.

04-29

Scene 09 생활용품 구입

01 We're out of spare light bulbs.
여분의 전구가 떨어졌어.

02 We're almost out of trash bags.
쓰레기 봉투가 거의 다 떨어졌어.

03 Could you get me three double-A batteries?
더블A 건전지 세 개 사다 줄래요?

04 Where are the daily household items?
생활용품은 어디 있나요?

05 They rearranged the sections. I don't know where anything is anymore.
매장을 다시 배치해 놔서 뭐가 어디 있는지 모르겠어.

06 Could you bring me a cart?
카트를 가져와 줄래?

07 The toilet paper is cheap today.
오늘은 화장지가 싸다.

08 It says there's only one to a customer.
1인당 1개 한정 판매라고 쓰여 있어.

09 How much is this potted plant?
이 화초 얼마에요?

10 It's about time we got new toothbrushes.
It's about time we replaced our toothbrushes with new ones.
칫솔을 바꿀 때가 됐어.

▲ It's about time+주어+동사(과거형) ~. 형식(가정법과거)은 진작 바꿨어야 했다는 의미를 나타낸다.

11 Is there any toothpaste left?
치약 남은 거 있니?

12 Which one was I supposed to buy – shampoo or conditioner?
사야 했던 게 샴푸였니, 린스였니?

13 I'll get a kitchen sponge, too.
수세미도 사야겠어.

14 Which dishwashing[laundry] detergent should I get?
주방(세탁) 세제는 어느 걸 살까?

15 What fragrance of air freshener should I get?
방향제는 어떤 향으로 살까?

16 Excuse me. Where are the Band-Aids?
실례지만 반창고는 어디 있어요?

17 I forgot to buy soap.
비누 사는 걸 깜빡했어.

CHAPTER 06 교통수단

04-30

Scene 01 승차권 구입

01 Where is the ticket counter?

매표소는 어디입니까?

▲ '(표를 파는) 창구'는 ticket window, '개찰구'는 gate 또는 (ticket) barrier라고 한다.

02 How do I buy a ticket to Boston?

보스턴 행 승차권은 어떻게 구입하나요?

03 How much is it to Chicago?

시카고까지 얼마에요?

04 One adult one-way, and two children to Memphis, please.

멤피스까지 편도로 어른 한 장, 아이 두 장 주세요.

05 One round-trip ticket to Los Angeles, please.

로스앤젤레스 행 왕복표 한 장 주세요.

06 How much is an express ticket?

급행 승차권은 얼마에요?

▲ local[slow] train(완행) / semi-express (service)(준급행) / rapid (service); express (train)(급행) / limited express (train)(특급) / super express (train)(초특급)

07 Do you have any reserved seats left?
지정석은 아직 남아 있나요?

▲ non-reserved seats(자유석) / vacant seat(빈자리) / priority seat(우대석)

08 Are there any seats available on the 5:30 train?
5시 30분 열차에 좌석이 있나요?

09 Don't buy a ticket from these machines – they're for the subway.
이 기계에서 표를 사면 안 돼요. 지하철용이니까요.

04-31

Scene 02 열차를 이용할 때

01 Where is this express going?
이 급행은 어디로 가나요?

02 How often does the train come?
열차는 자주 있나요?

▲ '시간이 얼마나 남았나요?'는 How much time is left?라고 한다.

03 Is this an express or a local train?
이 열차는 급행입니까, 완행입니까?

04 Just a moment, please. I'll ask the conductor for you.
잠깐만 기다리세요. 차장에게 물어봐 드릴게요.

▲ station staff(역무원) / stationmaster(역장) / food service attendant(차내 판매원) / train driver; railroad engineer(기관사) / ticket inspector(검표원)

05 Is this ticket all right for this express?
이 표로 이 급행을 타도 되나요?

06 Make sure you don't take a limited express. It doesn't stop there.

특급은 타지 마세요. 그 역에는 정차하지 않아요.

▲ '(교통수단에) 타다'는 take a bus / take the subway / take a train처럼 take를 쓴다.

07 Where does the train leave from?

열차는 어디서 출발하죠?

▲ 대답은 It leaves from platform 3 in ten minutes.(10분 후에 3번 플랫폼에서 출발합니다.) 등으로 한다.

08 Can I transfer to the first-class coach?

1등 칸으로 옮겨도 될까요?

▲ 객차는 passenger car / car라고 하며, 영국에서는 carriage / coach라고 한다. sleeping car(침대차) / baggage car(화물칸)

09 Where do I have to pay the extra charge?

추가 요금은 어디에서 내야 하나요?

10 Can I stop over on the way?

도중에서 내려도 되나요?

11 Does the train have a dining car?

열차에 식당차가 있나요?

12 Are the connections for Chicago any good?

시카고행 연결열차 있어요?

13 Porter, will you take these suitcases?

포터, 이 가방 좀 날라 줄래요?

14 I'm afraid you're on the wrong train.

열차를 잘못 타신 것 같은데요.

15 Your station is the third stop[three stops] from here.

내리실 역은 여기에서 세 번째 역이에요.

04-32

Scene 03 버스를 이용할 때

01 Where is this bus going?

이 버스는 어디로 가나요?

▲ express(고속버스) / airport bus; airport shuttle(공항버스) / city bus; intra-city bus(시내버스) / intercity bus; long-distance bus(시외버스) / premium bus(우등버스) / nonstop bus(직행버스)

02 Does this bus go to the air terminal?

이 버스 공항에 가나요?

▲ driver(운전기사)에게 물을 때는 Do you go to the air terminal?

03 Take a number fourteen bus.

14번 버스를 타세요.

▲ take[ride] a bus; get on the bus(버스를 타다) / get off the bus(버스에서 내리다)

04 When does the last bus leave?

막차는 몇 시에 있나요?

▲ '첫차'는 the first bus, '밤차'는 night bus라고 한다.

05 Shall I put my fare here?

여기에 요금을 넣을까요?

06 Excuse me, is this seat taken?

실례지만, 여기 빈자리인가요?

07 How many stops is it from here?
여기서 몇 번째 정류장인가요?

08 Could you tell me when I get there?
거기 도착하면 알려 주시겠어요?

09 Let me off when we get to Fifth Street, please.
5번가에 도착하면 내려주세요.

10 Press this button when you get close to your bus stop.
내리실 버스 정류장에 가까워지면 이 버튼을 누르세요.

11 I took the wrong bus.
버스를 잘못 탔어요.

12 I'm sorry, I missed my stop.
죄송한데 내릴 곳을 지나쳤어요.

13 Thank you, but I'm getting off at the next stop.
고맙지만, 전 다음 정류장에서 내려요.

택시를 이용할 때

01 Could you call me a taxi, please?
택시를 불러 줄래요?

▲ '택시'는 cab이라고도 한다. driven-owned taxi(개인택시) / company taxi(영업택시)

02 Is there a taxi stand near here?
이 근처에 택시 승강장이 있나요?

03 Can you take me to Hollywood Park?

할리우드 공원으로 가 주겠어요?

▲ '1시 20분까지는 공항에 도착해야 하는데 시간에 맞출 수 있을까요?'는 I've got to be at the airport by one twenty. Can we make it?라고 한다. taximeter(미터기) / start the taximeter(미터기를 꺾다)

04 About how much is the fare to the air terminal?

공항까지 요금은 대략 얼마예요?

05 Go straight on, please.

직진해 주세요.

06 Turn left at the next corner.

다음 모퉁이에서 좌회전 해 주세요.

07 Is it a long ride to Piccadilly?

피커딜리까지 멉니까?

08 I'm in a hurry, so please take a short cut.

급하니까 지름길로 가 주세요.

▲ '급할 것 없으니까 천천히 가세요.'는 I'm not in a hurry, so please take your time.

09 Drive along the beach on Route 135.

135번 도로로 해안을 따라 가주세요.

10 After about ten kilometers, we'll come to a gas station on the left. Turn left just after the gas station.

10킬로미터 정도 가면 왼쪽에 주유소가 나와요. 주유소를 지나서 좌회전 해주세요.

▲ '거기서부터는 표지판만 따라 가주세요.'는 Just follow the signs from there.

11 Stop here, please.

여기 세워 주세요.

12 Please let me off here.

여기서 내려 주세요.

01 I'd like to rent a car.

차를 빌리고 싶은데요.

▲ '렌터카'는 rant-a-car / rental car라고 한다. 차는 크기에 따라 microcar(초소형차) / supermini; city car; subcompact car(경차) / compact car; small family car(준중형차) / midsize car; medium-sized car(중형차) / full-size car; executive car(대형차) 등으로 구별할 수 있다.

02 I'd like an automatic[a manual transmission].

자동변속기(수동변속기) 차로 주세요.

▲ 변속기 방식에 따라 manual transmission; stick shift(수동변속기 차) / front-wheel-drive car(전륜구동 차) / rear-wheel-drive car(후륜구동 차)로 구별할 수 있다.

03 I prefer a car with the steerling wheel on the right.

오른쪽에 핸들이 있는 차가 좋겠어요.

04 Show me your international license, please.

국제 운전면허증을 보여주세요.

05 Do you want insurance?

보험을 들어 드릴까요?

06 I'd like full-coverage insurance.

종합보험으로 들어 주세요.

07 Can I drop the car off at the airport?

공항에 차를 반환해도 될까요?

08 Who should I contact in case of trouble?

문제가 생기면 누구에게 연락해야 하나요?

09 Do I need to fill the tank when I return the car?

차를 반납할 때 기름을 채워야 하나요?

10 I'm out of gas.

기름이 떨어졌어요.

11 Fill it up with regular.

보통 휘발유로 가득 채워 주세요.

▲ Ten gallons of regular gas, please.(보통 휘발유 10갤런 넣어 주세요.) / Forty liters of regular, please.(보통 휘발유 40리터 넣어 주세요.)

12 Let's take the expressway.

고속도로로 가자.

▲ 고속도로는 미국에서는 highway / expressway라고 하고, 영국에서는 motorway라고 한다. freeway(자동차전용도로) / main street; main road(간선도로) / highway; route(국도) / country road(지방도) 등이 있다.

13 Let's take a rest at a roadside restaurant.

길가 식당에서 잠깐 쉬자.

14 I'll take the wheel halfway through.

내가 도중에 운전을 교대해 줄게.

15 You are driving too fast.

너 너무 과속하는 거야.

16 I got a speeding ticket.

나는 과속 딱지를 떼었다.

17 This street is under construction.
이 길은 공사 중이다.

18 I'd like a car wash.
세차하고 싶은데요.

19 My car broke down.
차가 고장 났어요.

20 The engine stalled.
엔진이 갑자기 멈췄어요.

21 I had a flat tire.
타이어가 펑크가 났어요.

22 The battery ran down. / The battery has died.
배터리가 다 됐어요.

23 Can you lend me some jumper cables?
점퍼 케이블 좀 빌릴 수 있어요?

04-35

Scene 06 비행기

01 Where is the check-in area for domestic flights?
국내선 탑승 수속은 어디서 하죠?

02 I'd like to reserve an aisle seat.
통로 쪽 좌석을 예약하고 싶은데요.

03 There are no window seats available.
창가 좌석은 없습니다.

04 Please check your luggage here.
여기서 짐을 맡기세요.

05 The plane will take off soon.
비행기가 곧 이륙합니다.

06 Please fasten your seatbelts.
안전띠를 반드시 착용해 주세요.

07 Are we arriving on time?
비행기는 정시에 도착하나요?

08 When will we arrive at Los Angeles?
몇 시에 로스앤젤레스에 도착합니까?

09 Where are we flying over now?
지금 어디를 날고 있는 거죠?

10 We are preparing to land.
비행기는 착륙 준비를 하고 있습니다.

11 The plane has touched down.
비행기가 착륙했다.

배

01 What time do we embark?

승선은 몇 시에 하나요?

02 I've booked a second-class cabin.

2등 선실을 예약했어요.

03 The ship is bound for San Francisco, isn't it?

저 배가 샌프란시스코행이죠?

04 I get seasick even in a small rowboat.

나는 작은 배를 타도 뱃멀미를 해.

▲ 뱃멀미를 하는 사람은 a poor sailor라고 한다. a good sailor는 뱃멀미를 안 하는 사람.

05 Let's go up onto the upper deck.

상갑판에 가보자.

▲ deck(갑판) / bow(뱃머리) / stern(선미) / wheelhouse(조타실) / captain's cabin(선장실)

06 Where are we calling at next?

다음 기항지는 어디죠?

▲ '정박지'는 anchorage라고 하며, '닻을 내리다, 정박하다'는 anchor / berth / moor 등의 동사를 쓸 수 있다.

07 I want to do some sightseeing while the ship is in port.

항구에 정박해 있는 동안 관광을 좀 하고 싶어요.

08 Where can I find a life jacket?

구명조끼는 어디 있어요?

09 I want to reserve a deck chair.

갑판 의자를 예약하고 싶어요.

10 The rolling is terrible, isn't it?

좌우요동이 너무 심하죠?

11 You'd be safe from pitching or rolling on the stern.

선미에서는 요동을 못 느낄 거예요.

12 We'll soon be in port.

이제 곧 입항이야.

▲ '입항하다'는 come into port / enter a port라고도 한다. set sail; sail; leave a port(출항하다) / sail; make a voyage(운항하다, 항해하다)

CHAPTER 07 통신

04-37

Scene 01 전화 걸 때

01 Hello. Is this[that] the Adams residence?
여보세요. 거기 애덤스 씨 댁인가요?

02 Who am I speaking to? 《전화를 건 사람의 말》
전화 받으시는 분은 누구시죠?

03 The sales section, please.
영업부 좀 부탁합니다.

04 Can I speak to Cindy? / May I speak to Cindy?
신디와 통화할 수 있을까요?

05 May I speak with the person in charge, please?
담당자와 통화할 수 있을까요?

06 Anybody in the personnel section will be fine.
인사과에 있는 사람이면 아무나 괜찮아요.

07 Could you connect me to the sales section, please?
영업부 좀 연결해 주시겠어요?

08 Can I have extension 501, please? / Please give me extension 501.

내선 501번 부탁해요.

▲ outside call(외부전화) / domestic call(국내전화) / international call(국제전화) / local call(시내전화) / toll; out of town call(시외전화) / long-distance call(장거리전화)

09 I'm calling from a pay phone.

공중전화에서 전화하는 거예요.

10 When will he back?

그는 언제 돌아오나요?

11 I'll call you back later.

나중에 다시 전화할게요.

12 Would you tell him I'll call back later?

그분에게 제가 다시 전화한다고 전해 주시겠어요?

13 Would you tell him to call me back when he returns?

그분이 돌아오면 전화 좀 부탁한다고 전해 주시겠어요?

14 Hello. This is Clark again. I called ten minutes ago for Mr. Miller. Is he back from lunch yet?

여보세요. 10분 전에 전화했던 클라크인데요. 밀러 씨는 점심식사 마치고 돌아오셨나요?

15 Don't bother to call me back.

일부러 다시 전화하지 않아도 돼요.

16 May I leave a message?

메시지를 남겨도 될까요?

17 Please tell him that Mr. Russell called.

러셀이 전화했었다고 그분에게 전해 주세요.

18 It's urgent. Is there any way to contact him?
급한 일입니다. 그분과 연락할 방법이 없나요?

19 I'm sorry. I dialed the wrong number.
죄송해요. 제가 전화를 잘못 걸었네요.

20 I must hang up now.
이만 끊어야겠어요.

Scene 02 전화 받을 때

01 Hello, this is Customer Service.
여보세요, 고객 서비스센터입니다.

02 This is she.
접니다.

▲ 남성이면 she 대신에 he를 쓰면 된다. Speaking. 또는 That's me.라고 할 수도 있다.

03 Who's calling, please?
누구시죠?

▲ Who is this, please? / May I ask who's calling? / Who should I say is calling? 등도 전화를 한 상대방을 확인하는 표현이다.

04 Would you spell your name?
성함의 철자를 좀 불러주시겠어요?

05 What section are you calling?
어느 부서로 거셨어요?

06 Yes. Hold on, please.
네. 잠깐만 기다리세요.

07 I'll put your call through now.
바로 연결해 드릴게요.

08 I'll transfer your call.
전화를 돌려 드릴게요.

04-39

Scene 03 부재중일 때

01 Hold on a minute, please.
잠시만 기다려 주세요.

02 Hold the line, please. I'll call him to the phone.
끊지 말고 기다려 주세요. 불러드릴게요.

03 He isn't in right now. / She isn't at her desk now.
그분은 지금 안 계십니다.

04 Sorry, he isn't available now.
죄송하지만, 그분은 지금 자리에 안 계세요.

05 His line is busy.
그분은 통화 중이에요.

06 She's another phone now.
그녀는 지금 다른 전화를 받고 계세요.

07 He can't come to the phone now.
그는 지금 전화를 받을 수 없어요.

08 He's in a meeting.
그는 회의 중입니다.

▲ '서울 출장을 가셨어요.'는 He's on a business trip to Seoul.

09 He'll be back in a minute. May I take a message?
그는 곧 돌아옵니다. 전하실 말씀 있으세요?

▲ '그는 한 시간 후에 돌아옵니다.'는 He'll be back in a hour.

10 I'll give him your message when he comes back.
그분이 돌아오면 전해 드리겠습니다.

11 I'll have her call you when she gets back.
그녀가 돌아오면 전화하라고 할게요.

12 If you are in a hurry, please call his mobile phone.
바쁘시면 그의 휴대폰으로 전화하세요.

13 I'm afraid you've got the wrong number.
전화를 잘못 거신 것 같은데요.

Scene 04 휴대전화

01 My cell phone number has changed.
I have a new cell phone number.
나 휴대폰 번호 바꿨어.

▲ get a new smartphone(스마트폰 기종을 바꾸다)

02 Let's keep in touch by mobile phone.

휴대폰으로 연락하자.

03 I'll call you later on your cell phone.

나중에 휴대폰으로 연락할게.

04 The battery may go dead at any moment.

배터리가 곧 나갈 것 같아.

▲ charge the battery(배터리를 충전하다)

05 I've got a bad cell phone connection.

My cell phone reception is pretty bad. I can hardly hear you.

휴대폰 연결 상태가 나쁜 것 같아.

06 My mobile phone doesn't work here.

여기는 휴대폰이 작동을 안 한다.

07 Would you mind switching off your cell phone, please?

휴대폰 좀 꺼 주시겠어요?

▲ 여기서 스마트폰 이용과 관련된 표현을 정리해두자.
change the settings on one's smartphone(스마트 폰 설정을 바꾸다) / use a backup battery(보조 배터리를 이용하다) / use a public Wi-Fi service (공용 와이파이를 이용하다) / don't have enough memory to download the app(앱을 내려받을 메모리가 부족하다) / enter characters with one hand(한 손으로 문자를 입력하다)/ flip a page(페이지를 넘기다) / pinch out[in] a page(페이지를 손가락으로 확대(축소)하다) / plug in one's smartphone(스마트폰 전원을 연결하다) / reboot the smartphone(스마트폰을 재시동하다) / hold down the botton of one's smartphone(스마트폰 버튼을 길게 누르다) / check the missed call(부재중 통화를 확인하다) / have a Twitter account(트위터 계정이 있다) / open a Facebook account(페이스북 계정을 열다)/ be on a Facebook(페이스북을 하고 있다) / frequently use Twitter(트위터를 자주 이용하다)/ post[put up] one's photo(사진을 게시하다) / write a blog(블로그를 쓰다) / update one's blog(블로그를 갱신하다)

Scene 05 팩스

01 Could you fax it to me?
그거 팩스로 보내 줄래?

02 I'll fax it to you.
그거 팩스로 보낼게.

03 Could you tell me your fax number?
팩스 번호 좀 알려줄래?

04 Hasn't the fax come in yet?
팩스 아직 안 왔니?
▲ '팩스 왔어.'는 A fax came in.

05 How many pages was the fax you sent?
How many pages did you fax?
팩스를 몇 장 보냈니?

06 It's a total of five pages, including the cover sheet
표지를 포함해서 총 다섯 장이야.

07 Which page is missing?
어느 페이지가 빠졌니?

08 I resent the fax.
팩스 다시 보냈어.

09 The fax paper jammed. / The fax has a paper jam.
팩스 용지가 걸렸어.

10 I'm calling in reference to the fax we sent.
저희가 보낸 팩스와 관련해서 전화 드렸어요.

11 The machine reduced my fax automatically.
It went and reduced the image automatically.
팩스기가 자동으로 팩스를 축소했어.

12 This fax sure is written in fine print, isn't it?
The text of this fax is fine print, isn't it?
이 팩스 글자가 작지?

▲ fine print는 작은 글자를 말한다.

13 The fax machine is about to run out of paper.
팩스기에 용지가 다 떨어져 간다.

14 Is there any more fax paper?
팩스 용지 더 없니?

15 Maybe I'll buy a fax that uses regular paper.
일반 용지를 사용하는 팩스를 사야겠어.

04-42

Scene 06 인터넷

01 I connected my computer to the Internet.
컴퓨터를 인터넷에 연결했다.

▲ cannot connect to the Internet(인터넷에 연결할 수 없다)

02 Look up the history of the firm on the Internet.
인터넷에서 그 회사의 연혁을 찾아봐.

03 I registered my name at the club over the Internet.
인터넷으로 그 클럽에 이름을 등록했다.

04 You can download the software on-line.
온라인으로 소프트웨어를 내려받을 수 있어.

05 I usually buy books on-line.
난 대개 온라인에서 책을 사.

06 All messages on this bulletin board are copyrighted.
이 게시판의 모든 메시지에는 저작권이 있습니다.

07 The manufacture's technical support lines are always busy.
그 회사의 기술 지원부는 항상 통화중이야.

08 I surfed the Internet for necessary information.
필요한 정보를 인터넷에서 찾았다.

▲ 검색과 관련된 표현을 정리해 보자.
surf the net(인터넷을 검색하다) / search for the key word "○○"(키워드 ○○로 검색하다) / look for detailed information on hotels in the area(이 지역 호텔의 상세정보를 찾다) / click on ~(~을 클릭하다) / do a search on a search engine(검색엔진으로 검색하다)

09 I've set up a home page on the Internet.
인터넷에 홈페이지를 개설했어.

10 Can I link my homepage to your site?
내 홈페이지를 네 사이트에 링크해도 될까?

11 I sat up late chatting on the Internet.
나는 늦게까지 인터넷 채팅을 했다.

Scene 07 이메일

01 Could you tell me your e-mail address?
Let me know your e-mail address.
이메일 주소 좀 알려 줄래?

02 My personal e-mail address is nbc@naver.com.
내 개인 메일 주소는 nbc@naver.com이야.
▲ '이메일 주소를 바꿨어.'는 My e-mail address has changed.

03 I'll contact you by e-mail later.
나중에 메일로 연락할게.

04 I'll check my e-mail.
메일을 확인해 봐야겠어.

05 I got some e-mail.
메일을 몇 통 받았어.

06 Don't open files attached to nameless e-mails.
익명의 메일 첨부 파일은 열지 마.

07 I received an e-mail saying that the meeting had been canceled.
회의가 취소됐다는 메일을 받았어.

08 Please forward the e-mail to the manager.
메일을 부장님께 전달해 주세요.

09 Please send it to me in an e-mail attachment file.
그걸 이메일 첨부 파일로 보내 주세요.

10 I compressed the document and attached it.
I sent it as a compressed file.
그 문서를 압축해서 첨부했습니다.

11 It's all garbled.
이메일 글자가 모두 깨졌다.

12 Unfamiliar attachment files carry viruses.
이상한 첨부 파일은 바이러스를 옮긴다.

13 My unread e-mail is piling up.
읽지 않은 메일이 쌓여 있어.

14 I couldn't send or receive e-mail, since the server was down.
서버가 다운되어 메일을 보내거나 받을 수 없었어.

15 I'll CC it to him, too. / I'll copy him in on the CC line.
참조로 그 사람에게도 보낼게.

▲ CC(carbon copy)는 '같은 메일을 ~에게도 보내다'라는 동사로도 쓸 수 있다.

04-44

Scene 08 우편

01 Where is the post office?
우체국은 어디에 있어요?

02 Seven 15-cent stamps, please.
15센트짜리 우표 7장 주세요.

▲ '20센트짜리 우표 10장 주세요.'는 (I'd like) Ten 20-cents stamps, please.

03 What's the air mail rate? / What's the rate for air mail?

항공우편 요금은 얼마에요?

▲ '보통우편'은 surface[ordinary] mail이라고 한다.

04 Could you send it by express?

그것을 속달로 보내 주시겠어요?

05 I'd like to have this registered.
I want to send this by registered mail.

이것을 등기로 보내 주세요.

06 How much is the registration fee?

등기 요금은 얼마에요?

▲ What's the registration fee?라고도 할 수 있다.

07 How long will it take to get to Korea?

한국까지 얼마나 걸릴까요?

▲ When will it get there?(언제 도착합니까?)라고 물어도 된다. get to ~는 arrive at ~ / reach ~ 보다 구어적인 표현이다.

08 How much does it cost to send this to Korea?

이것을 한국으로 보내는데 얼마나 듭니까?

09 I want to send this parcel to Korea by airmail.

이 소포를 항공편으로 한국으로 보내고 싶어요.

10 Will you weigh this parcel, please?

이 소포의 무게를 재 주시겠어요?

11 Can I send this parcel C.O.D.?

이 소포를 착불로 보낼 수 있나요?

12 I forgot to put a stamp on the envelope.

봉투에 우표를 붙이는 것을 깜빡했어.

13 There is no return address on this envelope.

이 봉투에는 보낸 사람의 주소가 없어.

14 Please forward the mail to my new address.

우편물을 제 새 주소로 보내주세요.

15 The ZIP code is 130-804.

우편번호는 130-804에요.

▲ ZIP은 Zone Improvement Plan의 약자. '소인'은 postmark라고 한다.

가계

04-45

은행

01 Where do you bank?

어느 은행하고 거래하니?

▲ bank를 동사로 쓰면 '(특정 은행과) 거래하다'라는 의미이다.

02 I opened an account at the bank. / I opened a bank account.

은행에서 통장을 만들었다.

03 I'd like to make a deposit.

예금을 하고 싶은데요.

04 I would like to close my account.

통장을 해지하고 싶은데요.

05 I've got to withdraw some money. / I need to make a withdrawal.

돈을 좀 찾아야겠어요.

06 I'd like to have my salary paid through bank.

월급은 은행으로 입금해 주세요.

07 I'll pay the balance into your account.

잔금은 당신 계좌로 입금해드릴게요.

08 I transferred the rent money.

집세는 송금했어요.

09 The telephone bill is paid from my bank account.

전화 요금은 통장에서 인출됩니다.

10 There's a transaction fee for the bank transfer.

이체에는 이체수수료가 있어요.

11 This checkbook is in my wife's name.

이 예금통장은 아내 명의로 되어 있어요.

12 I've got to update my bankbook.

통장 정리를 해야겠어요.

13 Please insert your card into this slot.

카드를 이 구멍에 넣으세요.

14 I forgot my personal identity number.

비밀번호를 잊어버렸어요.

15 What's the interest rate on the time deposit?

정기예금의 금리는 얼마에요?

16 The time deposit bears 1.5 percent interest.

정기예금에는 1.5%의 이자가 붙습니다.

17 When is the due date of this account?

이 통장의 만기는 언제죠?

18 The time deposit has matured.

정기예금이 만기가 되었다.

19 The current interest rate is 0.2 percent a year.

현재의 금리는 1년에 0.2퍼센트입니다.

20 The interest rates were raised.

금리가 올랐다.

▲ '금리가 떨어졌다.'는 The interest rates were lowered.

21 They've set up a bank ATM at the convenience store.
They've set up ATMs at convenience stores.

편의점에 은행 ATM이 설치됐어요.

Scene 02 대출

04-46

01 I'd like to speak to someone about taking out a loan.

대출 상담을 하고 싶은데요.

▲ secured loan(담보대출) / mortgage; home loan(주택담보대출) / credit loan(신용대출) / microcredit(소액대출) / credit line(대출 한도) / surety; bondsman(보증인) / repayment(상환)

02 Could I get a loan?

대출을 받을 수 있겠습니까?

▲ '현금 서비스'는 cash advance라고 한다

03 I'd like to know about the long-term loan system.

장기 대출 자금에 관해 알고 싶은데요.

04 I owe about 1,000 dollars to the loan company.

금융회사에 약 천 달러 빚이 있어요.

05 I borrowed the money at 10 percent interest.
10% 이자로 돈을 빌렸어요.

06 I have already repaid my housing loan.
주택 융자는 이미 갚았어요.

07 He is deeply in debt.
그는 부채가 아주 많다.

08 The loan company is pressesing me for the payment.
금융회사가 빚을 갚으라고 독촉하고 있어.

09 The bill is due in a month.
그 어음은 한 달 후가 만기다.

10 All of his checks bounced this month.
그의 수표는 모두 이번 달에 부도가 났다.

04-47

Scene 03 투자

01 You can really lose your shirt in the stock market, can't you?
주식 투자로 큰 손해를 볼 수 있죠?

▲ lose one's shirt는 '큰 손해를 보다'라는 의미.

02 It is risky to speculate on real estate.
부동산 투기는 위험해.

03 He deals in wheat futures.
그는 밀 선물거래를 한다.

04 He suffered great losses by speculating in futures.
그는 선물거래로 큰 손해를 봤어.

05 The investment will yield a high return.
그 투자는 높은 수익을 낼 거야.

06 National bonds are guaranteed by the government.
국채는 정부에 의해 보증된다.

07 The company's stock has skyrocketed.
그 회사의 주식은 급등했다.

08 Stock prices sometimes dip on Fridays.
주가는 때때로 금요일에 하락한다.

09 We hope for a pickup in the stock market.
우리는 주식 시장이 회복되기를 바란다.

10 I'll hold the stock until it goes up by 10 percent.
그 주식이 10%까지 오를 때까지 보유할 작정이야.

11 The corporation failed to declare a dividend.
그 회사는 배당 공고를 못했다.

12 I wonder if I should diversify my deposits.
예금을 분산시켜야 할까 봐.

13 What's going to happen to my savings if the bank fails?
은행이 파산하면 내 예금은 어떻게 되지?

14 What do you think of foreign currency accounts?
외화예금에 대해 어떻게 생각해?

15 Don't expect to get much interest.
Don't expect much in the way of interest.
이자 수익을 많이 기대하지 마.

16 There are so many financial products these days that I don't know what's going on.
요즘 금융상품이 너무 많아서 뭐가 뭔지 모르겠어.

01 We've got to economize.
우리 소비를 줄여야겠어.

02 I've got to stop wasting money.
쓸데없이 돈을 쓰지 말아야겠어.

03 We've got to be more frugal.
우린 돈을 좀 아껴 써야겠어.

04 What part of our budget should we cut?
Where can we cut back on our spending?
우리 어디서 지출을 줄여야 하지?

▲ cut back on ~은 '~을 절약하다, 줄이다'라는 의미.

05 It's tough balancing the household budget.
살림살이는 힘들어.

06 I had a lot of expenses this month.
이달에는 돈을 너무 많이 썼어.

07 Are you doing the household accounting?
Are you keeping a household account book?
가계부를 쓰고 있니?

08 We just broke even this month.
이달은 수지를 맞췄어.

09 We're spending too much on food.
우린 식비에 지출이 너무 많아.

10 We've got to take another look at how we run our household budget.
살림을 어떻게 살았는지 다시 살펴봐야겠어.

▲ take another look at ~은 '~을 다시 보다'라는 의미.

CHAPTER 09 학교

04-49

Scene 01 입학, 학년

01 Where does your daughter attend school?

네 딸은 어느 학교에 다니니?

02 She goes to elementary school.

그녀는 초등학교에 다녀.

▲ '수미는 올해 초등학교에 입학해.'는 Sumi will enter[start] elementary school this year. '찬호는 중학생이야.'는 Chanho is a middle[junior high] school student.

03 My son is a preschooler.

내 아들은 유치원생이야.

04 I go to a public high school.

난 공립 고등학교에 다녀.

▲ '사립 고등학교'는 private high school이라고 한다.

05 The entrance ceremony is tomorrow.

입학식은 내일이야.

06 This school is coeducational.

이 학교는 남녀 공학이다.

▲ 남녀공학은 줄여서 coed[kóuéd]라고도 한다.

07 My elder brother has attended boys' school since elementary school.

우리 형은 초등학교 때부터 남자 학교에 다닌다.

▲ '여자 고등학교'라면 girls' high school이라고 한다.

08 I'm going to a junior college.

난 2년제 대학에 진학할 작정이야.

09 I'm attending photography school.

나는 사진 전문학교에 다니고 있어.

10 He's in the second grade.

그는 초등학교 2학년이야.

11 He's in the first year of junior high school.

그는 중학교 1학년이야.

12 He's in the third year of high school. / He's a high school senior.

그는 고등학교 3학년이야.

13 I'm a freshman[sophomore / junior / senior] in college.

나는 대학교 1학년(2학년/3학년/4학년)이야.

04-50

Scene 02 대학입시, 시험

01 He is preparing for his exams.

그는 입시 준비를 하고 있다.

▲ '나는 고려대학에 응시할 작정이다.'는 I'm going to apply for Korea University.

02 I'm taking a year off to study for entrance exams.

난 재수를 하고 있어.

▲ '나는 재수를 해서 서울대학에 들어갔다.'는 I took a year off to study and then got into Seoul National University.

03 My son attends cram school.

우리 아들은 입시 학원에 다녀.

▲ '우리 아들은 입학시험에 합격했어.'는 My son passed the entrance examination. '우리 아들은 간신히 대학에 들어갔어.'는 My son managed to enter university.

04 She got into a famous school.

그녀는 유명한 학교에 들어갔어.

05 I applied to B High School as a safety measure.

나는 안전 지원으로 B고등학교에 응시했다.

06 I'll practice writing vocabulary.

단어 받아쓰기 연습을 할 거야.

07 There is an exam every semester.

매 학기 시험이 있다.

08 I was the top in my class for the English exam.

난 영어 시험에서 1등을 했어.

09 The average score on the history exam was sixty points.

역사 시험의 평균 점수는 60점이었어.

10 I was caught cheating.

부정행위를 하다가 걸렸어.

Scene 03 학교생활(1)

01 I commute to school from home.

나는 집에서 통학을 해.

▲ '나는 기숙사에 살아.'는 I live in a dorm. '나는 하숙을 해.'는 I live in a boarding house.

02 We eat lunch in the school cafeteria.

우리는 학교 식당에서 점심을 먹어.

▲ '도시락을 싸간다.'면 I take a (box-)lunch to school. '점심은 급식을 먹는다.'는 Lunch is provided at school.이라고 한다.

03 We have a school uniform.

우리는 교복을 입어.

04 There are no regulations on clothes.

복장에 관한 규정은 없다.

05 Our class has thirty students.

우리 반은 30명이야.

06 The new school year begins in April.

새 학기는 4월에 시작한다.

07 Summer vacation lasts about a month.

여름방학은 한 달 정도이다.

08 I have six hours of classes on Mondays.

월요일에는 수업이 6시간 있어.

09 School ends at three.

학교는 3시에 끝나.

10 What clubs are you in?

어떤 동아리에 들어 있니?

11 I'm in an athletics club at school.

나는 체육 동아리에 있어.

▲ '야구부에 들어 있어.'는 I'm on the baseball team.이라고 한다.

12 I went camping with my school club.

학교 동아리와 캠핑을 갔었어.

13 I paid the entrance fee.

입학금을 냈다.

14 I transferred half a semester's tuition.

반 학기 등록금을 송금했다.

04 52

Scene 04 학교생활(2)

01 I was late for school.

학교에 지각했다.

02 I left school early because I wasn't feeling well.

몸이 안 좋아서 조퇴했다.

03 I didn't go to school yesterday because I had a cold.

어제 감기에 걸려서 학교에 못 갔어.

▲ '학교를 땡땡이 쳤다.'는 I skipped school today. / I played hooky today.라고 한다. '나는 결석한 적이 한 번도 없어.'는 I've never missed a day of school.

04 I skipped first period.
나는 첫 시간을 빼먹었다.

05 Yay! We don't have the next class.
Yay! The next class is cancelled.
앗싸! 다음 시간은 휴강이야.

06 I checked out a book from the library.
도서관에서 책을 대출했어.

07 I'll return the book to the library.
도서관에 책을 반납해야겠어.

08 I played basketball with my friends during recess.
쉬는 시간에 친구들과 농구를 했어.
▲ '방과 후에 테니스를 쳐.'는 I play tennis after school.

09 We will take a field trip to the mountains next week.
다음 주에 산으로 소풍을 갈 거야.

10 We have a field day in the fall.
가을에는 운동회가 있어.

11 The school festival is in the spring.
학교 축제는 봄에 있다.

12 I will go to summer camp during summer vacation.
여름방학 때 캠프에 갈 거야.
▲ '우린 경주로 수학여행을 갈 거야.'는 We will go to Gyeongju on a school trip.

13 We have classroom visitations tomorrow.
내일 수업 참관이 있어.

04-53

Scene 05 수업

01 I'm a physics major at the university.

난 대학에서 물리학을 전공해.

▲ 전공을 물을 때는 What is your major?(전공은 뭐니?)라고 하면 된다.

02 I'm studying math in graduate school.

난 대학원에서 수학을 공부하고 있어.

03 My favorite subject is French.

내가 가장 좋아하는 과목은 프랑스어야.

04 I'm not so good at math.

나는 수학을 잘 못 해.

▲ '난 암기를 못 한다.'는 I'm not good at memorization.

05 How are your grades?

네 성적은 어떠니?

06 I take notes in class.

나는 수업시간에 필기를 한다.

07 The teacher assigns homework every day.

선생님이 매일 숙제를 내주셔.

08 I handed in a history report.

역사 리포트를 제출했어.

09 I had a chemistry experiment.

화학 실험을 했어.

10 I'll add it up. / I'll do the calculations.
내가 계산할게.

11 What do you get when you add it all together?
모두 더하면 얼마가 되니?

12 I'll memorize the textbook.
제가 교과서를 외울게요.

13 I'll recite a poem.
제가 시를 낭송할게요.

14 I'll present my science research.
제 과학 연구를 발표하겠어요.

04-54

Scene 06 졸업, 진로

01 What are you going to do after you graduate from high school?
고등학교를 졸업하면 뭘 할 거니?

▲ '오늘 졸업식이 있어.'는 Today is graduation.

02 I will go to college.
대학에 진학할 거야.

▲ '유학을 갈 생각이야.'는 I'm planning to study abroad.

03 I graduated from a women's college last year.
난 작년에 여대를 졸업했어.

04 I want to go on to grad school.
대학원에 진학하고 싶어.

05 I'm planning to go to a computer school.
컴퓨터 학원에 다닐 계획이야.

06 I will find a job.
직장을 구할 거야.

07 I'm in the middle of writing my undergraduate thesis.
대학 졸업 논문을 쓰는 중이야.

08 What is your thesis about?
뭐에 관련한 논문이니?

09 My graduation thesis is about "The Middle Ages."
내 졸업 논문은 '중세'에 관한 것이야.

10 I was forced to repeat a year.
나는 일 년 유급할 수밖에 없었다.

11 He dropped out of high school.
그는 고등학교를 중퇴했다.

12 She got kicked out of high school.
그녀는 고등학교를 퇴학당했다.

CHAPTER 10 회사

Scene 01 직장

04-55

01 Where do you work?
어디서 일하세요?

02 I work for ABC, Ltd.
저는 ABC사에서 일합니다.

▲ I work for a travel agency named ABC Travel.(ABC Travel이라는 여행사에서 일해요.) He works at a leading car manufacturer.(그는 일류 자동차 회사에 일해요.)

03 What section is he in?
그는 어느 부서에서 일하나요?

04 I'm working in the department of general affairs.
나는 총무부에 근무하고 있어요.

05 I was assigned to public relations section.
홍보부로 발령을 받았어요.

06 What type of work do you do?
어떤 종류의 일을 하세요?

07 I make the rounds of customers everyday.
나는 매일 영업을 다녀요.

08 We are developing a new product.

우리는 신제품을 개발하고 있어요.

09 I'm responsible for the sales operations.

저는 판매를 담당하고 있어요.

▲ I do deskwork.(나는 사무를 보고 있어.) I work part-time as a night watchman.(야간 경비 아르바이트를 하고 있어.)

10 This company works on a flextime system.

이 회사는 근무 시간을 자유 선택하여 일합니다.

11 He is licensed as a CPA.

그는 공인회계사 자격을 취득했다.

04-56

Scene 02 업무

01 Would you copy these documents?

이 서류 좀 복사해 줄래요?

02 How many copies do you want?

몇 장 복사할까요?

03 Please make 20 copies.

20장 복사해 주세요.

04 Which size of paper do you prefer?

어떤 사이즈로 복사할까요?

05 Copy it on A4 paper.

A4 용지에 복사하세요.

06 Please shrink this to B5.

이걸 B5로 축소해 주세요.

▲ Please enlarge this to B4.(B4로 확대해 주세요.)

07 There is a paper jam.
I think a sheet of paper got jammed in there.

용지가 걸린 것 같은데.

▲ This copy machine doesn't work.(이 복사기는 고장 났다.)

08 I think it has run out of paper.

용지가 떨어진 것 같아.

▲ '복사 용지를 넣자.'는 Let's add paper to the machine. / Let's refill it with paper.

09 You should change the copier toner.

복사기 토너를 바꾸는 게 좋겠어.

10 Shred these documents.

이 서류들을 파기하세요.

11 It looks like I'll be working overtime again today.

오늘도 야근해야 할 것 같아.

▲ '일이 너무 바빠.'는 Work is too busy[hectic].

12 I can't really get any time off from work.

회사에서 쉴 시간이 없어.

13 The company's sales are up[depressed].

회사 매출이 늘었다(부진하다).

14 We need to come up with a hit product.

우리는 히트 상품을 내놓아야 해.

15 I'll go to the branch office in Kyushu tomorrow.
내일 규슈 지사로 출장을 떠납니다.

16 I'll report the progress to my boss.
상사에게 경과를 보고할 거예요.

04-57

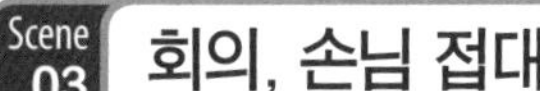

Scene 03 회의, 손님 접대

01 When is the meeting going to be held?
회의가 언제 있죠?

02 The date of the meeting isn't fixed yet.
회의 날짜는 아직 정해지지 않았어요.

03 The conference was arranged for May 10th.
그 회의는 5월 10일에 예정되어 있었다.

04 The meeting was posponed till next month.
회의는 다음 달로 연기되었다.

05 Who's going to chair the meeting?
누가 회의를 주재하죠?

06 I have a meeting in the morning. / I have a meeting all morning.
오전에 회의가 있어요.

07 Please prepare the materials for the meeting.
회의 자료 좀 준비해 주세요.

08 Is the conference room free?
회의실은 비었나요?

09 Please reserve the conference room from three o'clock today.
오늘 3시부터 회의실을 예약해 주세요.

10 I'm supposed to meet with clients at three o'clock.
3시에 고객을 만나기로 되어 있어요.

11 There's someone here to see you.
누가 당신을 만나러 왔어요.

12 Please show them to the reception room.
그분들을 접견실로 안내해 주세요.

13 Please bring some tea for our guests.
손님들에게 차를 좀 갖다 드리세요.

04-58

Scene 04 인사

01 She was promoted to assistant manager.
그녀는 부팀장으로 승진했다.

02 She is steadily moving up in her company.
그녀는 출세 코스를 밟고 있다.

03 He is indifferent to getting ahead in the world.
그는 출세에는 무관심하다.

04 Promotions go mainly by seniority in our company.
승진은 주로 우리 회사의 연공서열에 따른다.

05 Some of my friends have risen to high positions.
친구들 중에 몇 명이 고위직에 올랐다.

06 The next personnel shuffle is our main concern.
다음 인사이동은 우리의 주된 관심사다.

07 He moved to another section.
그는 다른 부서로 이동했다.

▲ Ms. Smith was appointed chief of research.(스미스 씨는 연구 책임자로 임명되었다.)

08 She was transferred to the Sapporo branch.
그녀는 삿포로 지점으로 전근되었다.

▲ '롱 씨가 내 후임이다.'는 Mr. Long takes over my position.

09 He went to work at a subsidiary.
그는 자회사로 옮겼다.

10 We are going to have a newcomer next week.
다음 주에 신입사원이 올 것이다.

▲ '그 신입사원은 지금 연수 중이다.'는 The new recruit is on probation now.

04-59

Scene 05 임금, 보너스

01 I still have a week before payday.
월급날까지 아직 일주일이 남았다.

02 I wonder how much the bonus will be.
보너스가 얼마나 될까.

03 The bonus was worth three months' salary.
보너스는 석 달 치 월급이었다.

04 This company pays well.
이 회사는 월급이 많다.

▲ '이 회사는 월급이 적다.'는 This company pays bad[poorly].라고 하면 된다.

05 How many days of paid vacation do you have?
넌 유급휴가가 며칠이나 되니?

06 I'd like a pay raise.
월급을 좀 올려주세요.

07 I'm underpaid and overworked.
나는 월급이 적고 격무에 시달리고 있어.

08 I can't live on such a small salary.
그렇게 적은 월급으로는 생활을 할 수 없어.

09 I want to get a better-paying job.
월급이 더 많이 주는 직업을 갖고 싶어.

10 I work on commission at an insurance company.
나는 보험회사에서 수당을 받고 일해.

11 The wage is paid by the hour.
보수는 시간당으로 지불합니다.

12 I moonlight to supplement my income.
생활비에 보태려고 부업을 하고 있어.

04-60

Scene 06 컴퓨터

01 Computer literacy is essential in this job.
이 업무에는 컴퓨터 사용능력이 필수입니다.

02 Will you turn on the computer, please?
컴퓨터 좀 켜주겠니?

03 Is the power on?
전원은 켜져 있니?

04 Add these data to the file.
이 데이터를 그 파일에 추가하세요.

05 Save the file on a disk.
파일을 디스크에 저장하세요.

06 Back up your files regularly.
파일은 정기적으로 백업하세요.

07 I've over written the file by mistake.
실수로 파일을 덮어썼어.

08 The data is stored in this folder.
그 데이터는 이 폴더에 저장돼.

09 You can convert this data into a text file.
이 데이터는 텍스트 파일로 바꿀 수 있어.

10 May I delet these customers' data?
이 고객 자료를 삭제해도 될까요?

11 I found the missing file in this folder.
이 폴더에서 누락된 파일을 찾았어요.

12 After you check the data, print them out.
데이터를 확인한 후에 출력해.

13 Detach the keyboard from the computer.
컴퓨터에서 키보드를 분리하세요.

14 Do you know how to use this function?
이 기능을 사용할 줄 아니?

15 You need a password to access the intranet.
인트라넷에 접속하려면 비밀번호가 필요해.

사무기기

01 I've got a stack of documents to copy.
복사할 서류가 산더미처럼 쌓여 있어.

02 This copying machine isn't working.
이 복사기는 고장 났어.

▲ Something is wrong with this copier.라고 해도 의미는 같다.

03 This copier needs to be repaired.
이 복사기는 수리를 해야겠어.

04 We ran out of copy paper.
복사 용지가 떨어졌어.

05 Paper jammed in the copier.
복사기에 종이가 걸렸어.

06 I'm fed up with this copier's paper jam.
이 복사기에 용지가 걸리는데 질려 버렸어.

07 It's high time we replaced the copier with a new one.
새 복사기로 교체할 때가 됐어.

08 I'll fax you the revised invoice.
수정된 송장을 팩스로 보내드릴게요.

09 A fax has come in for you.
너한테 팩스 왔어.

10 Don't forget to shred these documents.
잊지 말고 이 서류들을 파쇄하세요.

04-62

Scene 08 사무용품

01 Don't waste office supplies.
사무용품을 낭비하지 마세요.

02 Staple the documents together.
서류를 호치키스로 찍어요.

03 The stapler is out of staples.
스테이플러 침이 떨어졌어.

04 Double-sided tape is pretty handy, isn't it?
양면테이프는 참 편리하지?

05 Where's the packing tape?
포장 테이프는 어디 있어?

06 Which kind of glue is best, liquid or stick?
풀은 액상과 스틱 중에 어느 것이 좋으니?

07 Does anyone have a ruler?
자 있는 사람 없니?

08 Are there any big butterfly clips?
커다란 클립 없니?

09 I'd like to have both a pair of scissors and a box cutter.
I'd like to have both scissors and box cutters.
가위하고 커터 둘 다 주세요.

10 Sticky notes come in a wide range of types.
There are a wide range of Post-it notes.
스티커 메모는 여러 종류가 있어.

11 These scissors cut well.
이 가위는 잘 든다.

12 When the ballpoint pen runs out of ink, just replace the ink cartridge.
볼펜에 잉크가 다 떨어지면 심만 교체해 주세요.

13 Seal the envelope with paste.
봉투를 풀로 붙이세요.

CHAPTER 11 취미·오락

04-63

Scene 01 독서

01 What are your favorite books?
어떤 책을 좋아하니?

02 I like popular literature.
대중문학을 좋아해.

▲ detective stories(탐정소설) / art book(미술서적) / travel books(여행서적) / economics and business books(경제·경영서적)

03 How many books do you read in a month?
책을 한 달에 몇 권이나 읽니?

04 What have you read recently?
최근에 뭘 읽었니?

05 Lately I've been reading a paperback a day.
최근에 문고판을 하루에 한 권 읽고 있어.

06 This was a really interesting book.
이 책은 정말 재미있었어.

07 Who's your favorite author?
좋아하는 작가는 누구니?

08 You really ought to read some of his books.
이 작가의 책을 꼭 읽어봐.

09 I find this novel moving no matter how many times I read it.
이 소설은 여러 번 읽어도 감동적이야.

10 It's been a long time since I've read anything but magazines.
I haven't read anything but magazines for a long time.
오랫동안 잡지 외에는 아무 것도 읽지 않았어.

11 I hear this book is selling well.
이 책이 잘 팔린다고 해.

12 This is a bestseller.
이 책은 베스트셀러야.

13 This book is sold out everywhere you go.
이 책은 가는 곳마다 품절이야.

14 That book is out of print.
그 책은 절판되었어.

15 I'd like to buy the August 2005 edition.
2005년 8월 판을 사고 싶은데요.

▲ 초판은 first edition / original edition이라고 한다.

16 It's fun to go around browsing the used bookstores.
헌책방을 돌아다니는 것은 재미있어.

17 I read the review, but I disagree with it.
그 책의 서평을 읽어 봤는데 나는 다르게 생각해.

Scene 02 텔레비전

01 What's on TV?

텔레비전에서 뭐하니?

▲ '(텔레비전에) 재미있는 프로그램 없니?'는 Are there any interesting programs (on TV)?

02 What channels can you get here?

여기서는 어떤 채널을 볼 수 있니?

03 Could you turn on the television?

텔레비전을 켜 줄래?

04 Check the TV guide and find out what's on Channel 3.

신문 텔레비전 난에서 채널 3에서 뭐하는지 알아봐.

05 Turn the volume down[up] a little, please.

소리 좀 줄여(크게 해) 줘.

06 Switch it to Channel 6.

채널 6으로 돌려줘.

07 Shall we turn it off?

텔레비전 끌까?

08 The picture is blurred. You'd better adjust it.

화면이 흐릿하네. 조정해봐.

▲ '화면'은 screen 또는 picture라고 한다. '이 TV 화면은 잘 나오니?'는 Do you get a good picture on this television?

09 Don't sit so close to the set.

그렇게 텔레비전 가까이 앉지 마라.

10 The variety shows are all alike.

오락프로는 모두 비슷해.

11 I like documentaries. They tell us about the world.

나는 다큐멘터리 프로를 좋아해. 세상일을 알려줘서.

12 Gerald Smith is the best news broadcaster on the air.

제럴드 스미스는 최고의 뉴스 진행자야.

13 Soap operas leave me cold.

연속극은 재미없어.

▲ leave me cold는 '재미없다'라는 의미.

14 This drama serial is very popular among young girls.

이 연속극은 젊은 여성에게 인기가 있어.

▲ TV serial drama(TV 연속극) / historical plays(시대물) / melodrama(멜로드라마)

15 I prefer the old movie reruns.

나는 옛날 영화 재방송을 좋아해.

▲ reruns는 '재방송'을 말한다.

16 Use the earphones. The TV set is bothering me.

이어폰을 써. 텔레비전 소리가 신경 쓰여.

04-65

라디오

01 Do you listen to the radio a lot?

라디오를 많이 듣니?

02 I haven't been listening to the radio much lately.
요즘은 라디오를 잘 못 들어.

03 I listen to the radio while I'm doing housework.
집안일을 하는 동안 라디오를 들어.

04 I listen to the news on the radio when I'm commuting on the train.
통근열차 안에서 라디오로 뉴스를 들어.

05 This radio station plays all classical music.
This radio station has an all-classical format.
이 라디오 방송은 클래식 음악 전문이야.

▲ format은 '(프로그램 등의) 구성'을 말한다.

06 Could you tune it to some other station?
다른 방송을 틀어 줄래?

07 Are any stations broadcasting traffic info?
교통 정보를 주는 방송은 없니?

▲ info는 information의 축약형.

08 Can I turn on[off] the radio?
라디오를 켜도(꺼도) 돼?

09 Could you turn up[down] the radio?
라디오 소리 좀 크게 해(줄여) 줄래?

10 There's a lot of noise, isn't there?
잡음이 심하지 않니?

11 The reception isn't very good around here.
The signal isn't very strong around here.
이 근처는 전파 수신이 좋지 않아.

12 The frequency is different, depending on where you are.
지방에 따라 주파수가 달라.

13 There are more FM stations now.
지금은 FM방송이 더 많아.

14 The popularity of radio is making a comeback these days.
요즘 라디오의 인기가 다시 살아나고 있어.

04-66

Scene 04 음악

01 I'm interested in listening to music.
I like listening to music.
내 취미는 음악 감상이야.

02 I like classical music. I'm especially keen on Mozart.
난 클래식을 좋아해. 특히 모차르트를 좋아해.

03 I've got no ear for modern music.
현대 음악은 잘 몰라.

04 I like any kind of guitar music.
난 기타 음악은 뭐든 다 좋아해.

05 I prefer orchestral to chamber music.
난 실내악보다는 관현악을 좋아해.

06 I love some of the Beatles' songs.
나는 비틀즈 노래 중 몇 곡을 아주 좋아해.

07 What time is the recital this evening?
오늘 밤 연주회는 몇 시니?

08 What's on the program?
프로그램에 어떤 게 있어?

09 Who's the composer?
작곡자는 누구니?

10 Who's conducting the orchestra?
오케스트라 지휘자는 누구니?

11 Sorry, but I'm tone-deaf.
Sorry, but I won't sing. I'm a terrible singer, you know.
미안해, 난 음치야.

04-67

Scene 05 연극

01 I want to see that play.
저 연극을 보고 싶어.

02 Who's acting in it?
배우는 누가 나오니?

03 Where is it showing?
어느 극장에서 공연하니?

04 This hall holds 300 seats.
이 공연장은 300석 규모야.

05 How much are S seats? / How much are seats in the S section?
S석은 얼마에요?

06 How far in is your seat from the left?
네 자리는 왼쪽에서 몇 번째니?

07 Let's meet at the refreshment stand during the intermission.
휴식 시간에 매점에서 만나자.

08 How long will the show last?
공연시간은 얼마나 되니?

09 What time does it start?
공연은 몇 시에 시작하니?

10 What time will it be over?
공연은 몇 시에 끝나니?

11 Who plays the part Hamlet?
누가 햄릿 역을 하니?

12 This play is well cast.
이 연극은 배역이 좋다.

▲ '이 연극은 배역이 잘못됐다.'는 This play is miscast.

13 We were seated in the front row.
우리는 앞줄에 앉았다.

14 The curtain has risen.

막이 올랐다.

▲ risen 대신에 gone up을 써도 된다.

15 The audience applauded him for his performance.

관객들은 그의 공연에 박수를 보냈다.

04-68

Scene 06 영화

01 Let's go to the movies.

영화 보러 가자.

02 I prefer to watch romantic movies.

나는 멜로영화 보는 걸 좋아해.

▲ western[cowboy] movie(서부영화) / an SF[a science] fiction(공상과학영화) / animation(만화영화) / action movie(액션영화)

03 The horror movie will be released next month.

그 공포영화는 다음 달에 개봉할 거야.

04 What movies are playing now? / What movies are out now?
What's showing?

지금 어떤 영화가 상영 중이니?

05 Where is the movie showing now?

그 영화는 지금 어느 극장에서 상영하니?

06 Who's your favorite actor or actress?

좋아하는 배우는 누구니?

07 What was the last movie you saw?

마지막으로 본 영화가 뭐였니?

▲ '짐 캐리가 나오는 영화를 봤어.'는 I saw a movie staring Jim Carey.

08 Who directed the movie?

그 영화는 누가 감독했니?

▲ '그 영화는 스티븐 스필버그가 감독했어.'는 The movie was directed by Steven Spielberg.

09 The director's latest film will be released next month.

그 감독의 최신 영화는 다음 달에 개봉해.

▲ '그 영화에는 한국어 자막이 있어.'는 The film has Korean subtitles.

10 The movie features my favorite actor.

그 영화에는 내가 좋아하는 배우가 나와.

11 The novel was made into a movie.

그 소설은 영화로 만들어졌어.

▲ '그 영화는 소설화되었어.'는 The movie was novelized.

12 I saw the film at a preview.

그 영화를 시사회에서 봤어.

13 The film will win a Academy Award.

그 영화는 아카데미상을 받을 거야.

14 I was deeply moved by the film.

난 그 영화에 깊은 감동을 받았어.

▲ '나는 눈물이 많아.'는 I'm easily moved to tears.

15 I had goose bumps watching the movie.

난 그 영화를 보고 소름이 돋았어.

16 I found the cinema nearly empty.
그 영화관은 거의 비어 있었어.

17 I'm dying to go to drive-in theater.
자동차극장에 가보고 싶어 죽겠어.

Scene 07 놀이공원

01 Do you want to go to that new theme park?
새로 생긴 테마공원에 갈래?

02 I went to the amusement park with my family.
가족과 놀이공원에 갔었어.

03 It's limited admission. / Admission is limited.
입장 제한이 있어요.

▲ You must be 90cm or taller to ride. / You have to be at least 90cm tall to get on this ride.(90cm 미만의 아동은 탈 수 없다.) Children under 12 months may not go on the ride.(12개월 이하의 아이는 탈 수 없다.)

04 This is an all-day pass.
이건 일일 이용권입니다.

05 I want to ride on a roller coaster.
롤러코스터를 타고 싶어.

06 They say there'll be a 2-hour wait.
2시간 정도 기다려야 한대.

07 It was so scary that I couldn't open my eyes.
너무 무서워서 눈을 뜰 수도 없었어.

08 Do you want to ride the Ferris wheel?
관람차를 탈래?

09 There's a merry-go-round.
회전목마가 있어.

10 The teacup ride brings back memories.
컵 모양의 놀이 기구를 타면 추억이 떠올라.

11 You like the go-carts because you're a boy.
넌 남자아이라서 고카트를 좋아하는구나.

12 Let's go see that attraction next.
이제 저 구경거리를 보러 가자.

04-70

Scene 08 사진

01 Let's take a photo in front of the gate.
문 앞에서 사진 찍자.

02 Let's take a picture with that tower in the back ground.
저 탑을 배경으로 사진을 찍자.

03 Say "Cheese!"
자, 웃어요!

04 Ready, everybody? Here we go.
모두들 준비됐지? 찍는다.

05 Excuse me, could you take a picture of us?
실례지만 우리 사진 좀 찍어 주실래요?

06 Do you mind if I take a photo of you?
당신 사진을 찍어도 될까요?

07 You're not allowed to take pictures inside the premises.
건물 안에서는 사진을 찍을 수 없습니다.

08 Hold still while I take your photo.
널 찍는 동안 움직이지 말고 있어.

09 I took a souvenir shot.
기념사진을 찍었다.

10 You are shooting against the sun.
거기서 찍으면 역광이 돼.

11 It's out of focus. / It's not focused.
초점이 안 맞았어.

12 I've been taking black-and-white photos lately.
난 최근에 흑백 사진을 찍고 있어.

13 I want to try underwater photography.
수중 촬영을 해 보고 싶어.

14 I'll have two copies of this picture printed.
이 사진을 두 장 인화해야겠어.

15 Where did you take this photo?
이 사진 어디서 찍은 거니?

16 This photo is well taken.
이 사진은 잘 나왔네.

17 Let's have this photo blown up.
이 사진을 확대하자.
▲ '사진을 확대하다'라고 할 때도 blow up을 쓴다.

04-71

Scene 09 등산, 캠핑

01 I love hiking in the mountains.
I love the mountains. / I love mountaineering.
나는 등산을 좋아해.
▲ 보통 등산객은 hiker / trekker라고 하고, 등산가(산악인)는 climber / mountaineer라고 한다.

02 I was in a mountaineering club in college.
난 대학 다닐 때 산악부였어.

03 I stayed in a mountain lodge.
나는 산장에 묵었어.

04 We go down the mountain in one more day.
앞으로 하루 뒤에는 하산이야.

05 This is a steep slope, isn't it?
경사가 급하지?

06 We're almost at the top.
거의 정상에 다 왔어.

07 We got hit by some bad mountain weather.
산에서 악천후를 만났다.

08 Rain gear is crucial in mountaineering.
등산에는 비옷이 매우 중요하다.

▲ 등산스틱은 hiking[trekking] pole, 등산화는 hiking shoes[boots]라고 한다.

09 We walked along the ridge line.
We followed the mountain ridge.
우린 능선을 따라 걸었다.

10 We went camping by a lake.
우린 호수로 캠핑을 갔었어.

11 We spent a week camping in the mountains.
우린 산에서 캠핑을 하며 일주일을 지냈다.

12 The campsite is equipped with cooking stoves.
캠프장에는 조리용 난로가 갖추어져 있다.

13 I'm good at cooking rice in a mess tin.
휴대용 식기로 밥을 짓는 건 자신이 있어.

14 We set up a tent.
우리는 텐트를 쳤다.

15 Let's fold up the tent.
텐트를 걷자.

16 Let's turn the tent inside out and dry it.
텐트를 뒤집어서 말리자.

17 Let's make a fire before it gets dark.
어두워지기 전에 불을 지피자.

18 Turn the stove on.
난로를 켜.

04-72

Scene 10 낚시

01 Let's go fishing in the river.
강으로 낚시하러 가자.

02 I went fishing for horse mackerel last Sunday.
지난 일요일에 다랑어 낚시를 갔었어.

03 I spend Sundays fishing in the sea.
난 일요일마다 바다 낚시를 해.

04 I went out night fishing.
밤낚시를 하러 갔었어.

05 Are the fish biting today?
오늘 고기가 좀 무나요?

▲ bite는 '입질'을 말한다.

06 What can you catch around here? / What's biting around here?
여기선 뭐가 잡혀요?

07 What are you using for bait?

미끼로 무얼 쓰세요?

08 I caught a lot of fish.

물고기를 많이 잡았어.

▲ '오늘도 한 마리 못 잡았다.'는 I didn't catch a single fish today either.

09 We set a net in the river.

우리는 강에 어망을 놓았다.

10 A big fish was caught in the net.

어망에 큰 물고기가 걸렸다.

11 There is a tear in the net.

어망에 찢어진 곳이 있어.

12 That's a great fishing rod.

그 낚싯대 참 좋구나.

13 I'm trying out some different tackle today.
Today I'm trying a slightly different tackle arrangement from usual.

오늘은 낚시용품을 좀 바꿔보려고 해.

14 This is the first time I've caught anything this big.

이런 월척을 잡은 건 처음이야.

15 I made an ink print of the fish.

어탁을 찍었다.

16 This river has a swift current.

이 강은 물살이 세다.

CHAPTER 12 스포츠

04-73

Scene 01 축구

01 My position is goalkeeper. / I'm a goalkeeper.

내 포지션은 골키퍼야.

▲ 첫 문장처럼 포지션을 주어로 쓸 때는 goalkeeper 앞에 관사 a를 붙이지 않는다.

02 He's an ace striker.

그는 최고의 공격수야.

03 The other team is guarding tightly.

The other team's defensive maneuvering is tough.

상대 팀의 수비가 빈틈이 없어.

04 What a great sliding tackle!

슬라이딩 태클 아주 좋았어!

▲ '멋진 패스였다.'는 That was a great pass.라고 한다.

05 He's a great dribbler. / He's good at dribbling the ball.

그는 드리블을 잘해.

▲ '그는 프리킥의 달인이다.'는 He's a master of the free kick.

06 A penalty kick. This is our big chance!

페널티 킥이야. 아주 좋은 기회다!

07 He scored from directly in front of the goal.
He kicked in a goal from directly in front of the net.
그는 골대 바로 앞에서 골을 넣었다.

08 His kick missed the goal.
그의 킥이 골대를 빗나갔어.

09 He headed the ball into the goal.
그가 헤딩으로 골을 넣었다.

10 We carried our one-point lead into the second half.
We went into the second half with a one-point lead.
우리가 1점을 이긴 채로 후반전을 맞이했어.

11 The ball is still in play.
공은 아직 아웃되지 않았다.

12 It's a foul.
파울이야.

13 I was called offsides.
나는 오프사이드를 범했다.

14 This is my second yellow card.
두 번째 옐로 카드를 받았어.

15 We're going to add a point.
우린 추가점을 얻을 것이다.

04-74

Scene 02 골프

01 I'm going to the driving range.
골프 연습장에 가려고 해.

02 I think I'll get in some putting practice.
퍼팅 연습을 좀 할 생각이야.
▲ 연습 등을 일정에 짜 넣는 것을 get in이라고 한다.

03 I go golfing on my days off. / I golf on holidays.
난 쉬는 날에는 골프를 치러 가.

04 How long has it been since you took up golf?
골프 시작한 지 얼마나 됐니?
▲ take up은 '시작하다'라는 의미.

05 This is a good course, isn't it?
여기는 코스가 훌륭하지?

06 I wonder which club I should use.
어떤 클럽을 써야 할지 모르겠어.

07 I'll go with the seven iron.
7번 아이언으로 해야겠어.

08 That was a high, long shot. / You really made it fly.
잘 쳤어.

09 I could get an eagle with this shot.
이번 샷으로 이글을 잡을 수도 있겠어.

10 Yes! My putt went in.
그래! 퍼트가 들어갔어.

11 Hole 18 – that's the final green.
마지막 18번 그린이다.

12 I birdied twice. / I got two birdies.
나는 두 번 버디를 잡았다.

13 I can't read the green.
그린을 못 읽겠어.

14 It looks like I'll make par.
그럭저럭 파는 할 것 같아.

15 We still have a round to go.
우린 아직 1라운드 남았어.

16 There's another 100 yards to the green.
그린까지는 100야드다.

17 The wind is following[against] the shot.
The wind is following[against] us.
We're shooting with[into] the wind.
바람이 샷 방향(샷 반대방향)으로 불고 있어.

18 It just went into the bunker.
I bunkered it. / I'm in the bunker.
벙커에 들어갔어.

04-75

Scene 03 야구

01 I want to become a pro baseball player.

프로야구 선수가 되고 싶어.

02 What's your position? / What position do you play?

네 수비 위치는 어디니?

03 I'm the pitcher. / I pitch.

나는 투수야.

▲ I'm at third (base).(3루를 맡고 있어.) / I'm an outfielder.(외야수야.)

04 Let's do some batting practice.

타격 연습 좀 하자.

05 Where are you in the batting lineup?

네 타순은 몇 번이니?

▲ I'm batting fourth[cleanup].(4번 타자야.)

06 I stole second.

나는 2루 도루를 했다.

▲ '3루(홈 베이스)를 훔쳤다.'는 I stole third[home].라고 한다.

07 I got walked. / I walked.

나는 볼 넷으로 출루했다.

08 I struck out. / I got called out.

나는 삼진을 당했다.

09 Maybe I ought to bunt.

번트를 대야겠어.

10 It's a home run.

홈런이야.

▲ '3루타다.'는 It's a triple.이라고 한다. 1루타는 single, 2루타는 double.

11 I got hit by a pitch. / The pitcher hit me.

나는 투구에 맞았다.

▲ '폭투다.'는 It's a wild pitch[throw].라고 한다.

12 Our team was the first in the game to score.

We scored the first run of the game.

우리 팀이 선취점을 얻었어.

13 This inning's batting lineup is excellent.

The batting lineup is excellent in this inning.

이번 회는 타순이 아주 좋다.

14 This could turn the game around.

The game could turn on this pitch.

이번이 역전의 기회야.

15 Now we're in trouble. The bases are loaded.

큰일났어, 지금 만루야.

▲ '만루다.'는 It's bases loaded.라고 해도 된다.

16 I blew it on a squeeze play.

나는 스퀴즈에 실패했다.

▲ blow it은 '실수하다, 실패하다'라는 의미.

17 Oh, no! We lost because the game was called.

세상에! 우리가 콜드게임으로 졌어.

Scene 04 테니스

01 I play tennis once a week.

난 일주일에 한 번 테니스를 쳐.

▲ It's hard to get a court on Saturdays and Sundays.(토요일과 일요일은 코트 잡기가 어려워.)

02 I think I'll practice my stroke.

스트로크 연습을 해야겠어.

03 I use both hands on my backhand.

난 백핸드를 양손으로 쳐.

04 I want to learn to hit a drop shot.

드롭샷을 배우고 싶어.

05 That was some volley, wasn't it?

그거 발리를 한 거였지?

06 I scored with a smash.

나는 스매시로 득점을 했다.

07 That was a perfect service ace.

완벽한 서비스 에이스였어.

▲ That was a fantastic return.(환상적인 리턴이었어.)

08 My serves keep going out.

내 서브가 계속 안 들어가.

09 I had too many double faults today.

오늘은 더블폴트가 너무 많았어.

10 Let's play a game of doubles.
복식 경기를 하자.

11 Match point. / It's finally match point.
드디어 매치 포인트다.

12 I lost my service.
나는 서브 게임을 내주고 말았다.

13 I'm so embarrassed. I lost a love game.
창피하게도 무득점으로 패했어.

14 Don't you think this net is too low?
네트가 너무 낮은 거 아니니?

15 I broke a string.
라켓의 줄이 끊어졌어.

04-77

Scene 05 수영

01 I go to a swimming school.
난 수영을 배우러 다녀.

▲ '나는 수영을 잘 못한다.'는 I'm not much of a swimmer.

02 Do you want to go swimming at the pool?
수영장에 수영하러 갈래?

03 You should do warm-up exercises before you swim.
수영을 하기 전에 준비 운동을 해야 해.

04 How far can you swim?

수영을 얼마나 할 수 있니?

▲ '200미터쯤 될까.'라고 대답하는 경우 I'd say about 200 meters.라고 하면 된다.

05 As long as I'm doing the breast stroke, I can swim forever.

난 평영이라면 얼마든지 수영을 할 수 있어.

▲ The crawl is my specialty.(자유형은 내 특기다.)

06 I went for a long swim in the ocean.

바다로 장거리 수영을 하러 갔었어.

07 I went skin diving and picked up turban shells.

스킨다이빙을 해서 소라를 잡았어.

08 It's too dangerous to swim here.

여기서 수영하는 것은 너무 위험해.

▲ '그곳은 수영 금지야.'는 Swimming isn't allowed there.

09 I was swimming, when all of a sudden my legs cramped up.

수영을 하다 갑자기 다리에 쥐가 났어.

10 I can't breathe very well while swimming.

난 수영할 때 숨을 잘 쉴 수가 없어.

11 I can't open my eyes in the water.

물속에서 눈을 뜰 수가 없어.

12 You should wear goggles in the water.

물안경을 쓰면 좋아.

13 I have a hard time diving in.

나는 잠수하기가 힘들어.

Scene 06 여러 가지 스포츠

01 What kind of workout do you do?

어떤 운동을 하니?

▲ workout은 건강이나 몸매 유지를 위한 운동을 말한다.

02 I'm not very good at the high bar.

나는 철봉은 잘 못 해.

03 I do sit-ups and push-ups every day.

매일 윗몸 일으키기와 팔 굽혀 펴기 운동을 하고 있어.

04 I can't do handstands.

물구나무서기는 못 해.

05 Do you like sports?

운동 좋아하니?

▲ I like team sports.(단체운동을 좋아해.) I'm not good at sports. / I don't like to exercise much.(운동은 잘 못해.)

06 I've started horseback riding.

승마를 시작했어.

07 I finished my first full marathon.

처음으로 마라톤을 완주했어.

08 I have a black belt in judo.

나는 유도가 검은 띠야.

09 I look forward to skiing every winter.

나는 겨울마다 스키를 즐기고 있어.

10 I'm on a rugby team.

난 럭비 팀에 속해 있어.

▲ '~팀의 소속이다'라고 할 때는 전치사 on을 쓴다.

11 I never bowl 100. / I can't score 100 in bowling.

나는 볼링에서 100점을 못 얻는다.

12 Maybe I'll start jogging.

조깅을 시작해볼까 해.

13 I haven't been getting enough exercise lately.

난 요즘 운동 부족이야.

건강

04-79

Scene 01 체력, 운동

01 My stamina has run out.

체력이 떨어졌어.

▲ I lack physical strength.(체력이 부족해.) I feel my strength declining.(체력이 떨어지는 것 같아.)

02 I get short of breath when I go up the stairs.

계단을 오르면 숨이 차.

03 My muscles have weakened due to lack of exercise.

운동 부족으로 근육이 약해졌어.

04 My biceps don't stand out.

난 알통이 안 나와.

05 He has a strong grip.

그는 악력이 세다.

06 She has a supple body.

그녀는 몸이 유연하다.

07 Strengthen your abdominal muscles.

복근을 강화하세요.

08 Do you do any exercise to keep healthy?
건강을 유지하기 위해 어떤 운동을 하니?

09 I want to take up a sport to improve my health.
건강 증진을 위해 운동을 하고 싶어.

10 I do 50 push-ups every day.
난 매일 팔굽혀펴기를 50번 하고 있어.

11 I'm not athletic.
난 운동을 못 해.

12 You need to get more exercise.
넌 운동을 더 해야 해.

13 I've started going to a gym to work out.
운동하러 체육관에 다니기 시작했어.

04-80

Scene 02 건강

01 I get a checkup once a year.
나는 1년에 한 번 건강검진을 받아.

02 I haven't had any health checkups this year.
올해는 건강 검진을 받지 못했어.

03 I jog every day to keep fit.
건강 유지를 위해 매일 조깅을 하고 있어.

04 I'm getting into shape for the game.
난 그 경기를 위해 몸을 단련하고 있어.

05 I stopped smoking last year.
담배는 작년에 끊었어.

06 I'm in good health.
나는 건강해.

07 I'm out of shape these days.
요즘에 몸이 안 좋아.

08 He ruined his health by drinking too much.
그는 과음해서 건강을 해쳤어.

09 You should have a regular checkup.
정기적으로 건강검진을 받는 게 좋아.

10 I'll have a thorough checkup.
정밀 검사를 받아야겠어.

11 I have national health insurance.
나는 국민건강보험에 들어 있어.

12 Your health insurance card is renewed once a year.
건강보험증은 1년에 한 번 갱신됩니다.

13 Health insurance doesn't cover this treatment.
이런 치료에는 의료보험이 적용되지 않는다.

04-81

Scene 03 피로

01 You shouldn't overwork yourself.
과로하지 않는 게 좋겠어.

02 Don't drive yourself too hard.
몸을 혹사하지 마.

03 I got dead tired after running.
달리기를 하고나서 완전히 녹초가 되었어.

04 I'm exhausted from the marathon.
마라톤을 했더니 기진맥진이야.

05 My legs feel heavy.
다리가 뻑적지근해.

06 He's all in a sweat.
그는 땀에 젖어 있다.

07 My shirt is soaked with sweat.
내 셔츠에 땀이 배었다.

08 Your eyes are bloodshot.
너 눈이 충혈됐어.

09 You've got rings under your eyes.
너 눈 밑에 다크 서클이 생겼어.

10 She's puffy-eyed from lack of sleep.
그녀는 수면 부족으로 눈이 부었다.

Scene 04 몸의 이상

01 You look pale. Are you all right?
안색이 안 좋은 것 같은데. 괜찮니?

02 I'm not feeling well. I feel like throwing up.
몸이 안 좋아. 토할 것 같아.

03 Is there anything wrong with you?
어디 아프니?

04 I have an upset stomach.
배탈이 났어.

05 I have heartburn[diarrhea].
속이 쓰려(설사를 해).

06 Have you got food poisoning?
식중독에 걸렸니?

07 Did you eat something unusual?
뭔가 이상한 것을 먹었니?

08 I feel listless[dizzy].
몸이 나른해(현기증이 나).

09 My ears are ringing. / I have a ringing in my ear.
귀가 윙윙 울려.

10 I can't stop hiccuping.
딸꾹질이 멈추지 않아.

11 I'm suffering from hemorrhoids.
치질 때문에 고생하고 있어.

12 I've been constipated for a week.
변비 걸린 지 일주일이 되었어.

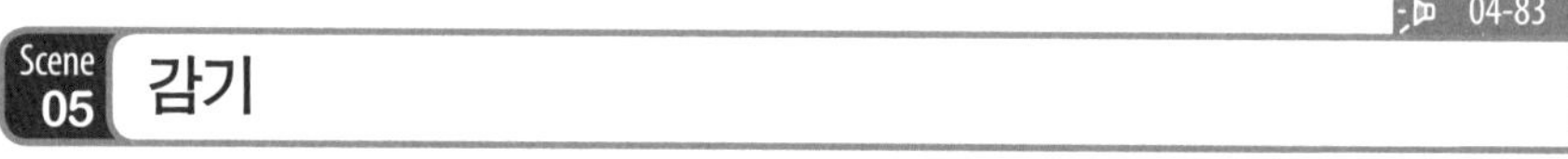

Scene 05 감기

04-83

01 I might have caught a cold.
나 감기 걸렸나 봐.

02 I caught the flu last week.
지난주에 독감에 걸렸어.

03 I have a slight cold.
감기 기운이 있어.

04 The flu is going around nationwide.
독감이 전국에 유행하고 있어.

05 He came down with the flu.
그는 독감에 걸렸다.

06 I have a persistent cough[sore throat / a runny nose].
기침이 그치질 않아(목이 아파 / 콧물이 나와).

07 My nose is stuffed up because of a cold.
감기 때문에 코가 꽉 막혔어.

08 Blow your nose.
코를 풀어.

09 She has a nasal voice because of a cold.
그녀는 감기 때문에 콧소리를 내.

10 He had a fit of coughing.
그는 기침을 심하게 했어.

11 I feel a chill.
몸이 으슬으슬 추워.

12 I've lost my voice.
목이 쉬었어.

13 Don't give me your cold.
나한테 감기 옮기지 마.

14 I've gotten a cold from you.
너 때문에 감기에 걸렸어.

15 I can't get rid of my cold.
감기가 떨어지질 않아.

Scene 06 노화

01 My eyesight has become dim with age.
나이가 드니까 눈이 침침해졌어.

02 I've been feeling my age recently.
최근에 나이를 실감하고 있어.

03 "My legs are getting weaker." "It's your age."
"다리에 힘이 없어." "이제 나이를 먹은 거야."

04 He's becoming senile.
그는 노망이 났어.

05 His dementia is progressing.
그는 치매가 진행 중이야.

06 She's suffering from Alzheimer's disease.
그녀는 알츠하이머를 앓고 있어.

07 He entered a nursing home for elderly people.
그는 노인 요양소에 들어갔어.

08 This facility is intended for senior citizens.
이 시설은 노인을 위한 것이야.

04-85

Scene 07 청력, 시력

01 He wears a hearing aid.
그는 보청기를 착용하고 있어.

02 He's hard of hearing.
그는 귀가 어두워.

03 I had my eyesight tested.
시력 검사를 받았어.

04 I have poor eye sight.
난 시력이 나빠.

05 I'm near-sighted.
나는 근시야.

▲ '나는 원시다.'는 I'm far-sighted.

06 I'm color-blind.
나는 색맹이야.

07 I can't see anything without my glasses.
안경을 안 쓰면 하나도 안 보여.

08 I have weak eyes.
나는 약시야.

09 My eyesight has been failing lately.
요즘 시력이 나빠지고 있어.

▲ My eyesight has been weakened lately.라고 해도 같은 의미가 된다.

10 Don't overwork your eyes.
눈을 혹사하지 마.

11 My glasses are strong.
내 안경은 도수가 높아.

12 These glasses aren't the right strength for my eyes.
이 안경은 도수가 안 맞아.

13 Sunglasses guard your eyes from ultraviolet rays.
선글라스는 자외선으로부터 눈을 보호해준다.

Scene 08 이

04-86

01 I have a terrible toothache.
이가 몹시 아파.

02 I have a cavity in one tooth.
나는 충치가 하나 있어.

03 I must have my teeth fixed.
이 치료를 받아야겠어.

04 I had the dentist fix my bad tooth.
치과에게 충치 치료를 받았어.

05 I had my bad tooth pulled out (at the dentist's).
(치과에서) 충치를 뽑았어.

06 My gums bleed when I eat apples.
사과 먹을 때 잇몸에서 피가 나.

07 I had my teeth cleaned.
나는 치석을 제거했다.

08 This toothpaste helps remove plaque.
이 치약은 치석 제거에 도움이 된다.

09 You have even teeth.

당신은 치아가 고르네요.

▲ '치아가 고르지 않군요.'는 Your teeth are irregular.

10 A front tooth has come out.

앞니가 하나 빠졌어.

11 I have one front tooth missing.

나는 앞니가 한 개 없어.

12 He wears false teeth.

그는 틀니를 하고 있다.

13 The baby is cutting his teeth.

그 아기는 이가 나기 시작해.

▲ 아기가 여자라면 his 대신에 her를 쓰면 된다.

질병·통증

04-87

Scene 01 일반적 질병

01 I have chronic indigestion.
나는 만성 소화불량이 있어.

▲ 병이나 증상 설명은 I have ~ 형식이 기본이지만, be동사나 feel을 사용해서 주어+be동사 ~. / 주어+feel ~. 형식을 쓸 수도 있다.

02 I have high blood pressure.
나는 혈압이 높아.

03 I have liver trouble.
나는 간질환이 있어.

04 I'm suffering from diabetes.
나는 당뇨병을 앓고 있어.

05 I have to lower my blood-sugar level.
나는 혈당 수치를 낮춰야 해.

06 I have a history of heart trouble.
나는 심장병 병력이 있어.

07 I have hay fever.
나는 꽃가루 알레르기가 있어.

08 I'm allergic to house dust.

나는 집 먼지 알레르기가 있어.

09 It's an occupational disease.

그건 직업병이야.

10 He's sick in bed.

그는 아파서 누워 있어.

11 He is infected with HIV.

그는 에이즈에 걸렸어.

12 She had anemia.

그녀는 빈혈이 있었다.

13 Her influenza developed into pneumonia.

그녀의 독감은 폐렴으로 발전했다.

14 He had a fit of asthma.

그는 천식을 앓았다.

15 He's dehydrated.

그는 탈수증상이 있어.

16 I didn't notice any symptoms myself.

자각증상은 전혀 없었어.

17 The boy had sunstroke.

그 소년은 일사병에 걸렸다.

Scene 02 피부 질환

01 My skin chaps easily.

난 피부가 잘 튼다.

02 A rash broke out on my stomach.

배에 발진이 생겼어.

▲ hive; nettle rash(두드러기) / heat rash(땀띠) / blister(물집) / ringworm(버짐) / abscess; boil(종기) eruption(뾰루지) / eczema(습진)

03 Pimples broke out on my face.

얼굴에 여드름이 났어.

04 Don't squeeze your pimples.

여드름을 짜선 안 돼.

05 Pus formed in the wound. / The wound has festered.

상처에 고름이 생겼어.

▲ '곪다'는 form pus / fester라고 한다. '(피부가) 헐다'는 have sore skin을 쓰고, '(입안이) 헐다'는 have a canker sore라고 한다.

06 I had corns on my feet.

발에 티눈이 생겼어.

07 I got a hangnail on my thumb.

내 엄지손가락에 손거스러미가 생겼어.

08 I have athlete's foot.

난 무좀이 있어.

09 My fingers are frostbitten.

손가락에 동상이 걸렸어.

10 My fingers have gone numb with cold.
추워서 손가락이 곱아.

11 My hands are paralyzed with cold.
추워서 손이 마비되었어.

12 My nose itches.
코가 근질거려.

13 Don't scratch the itch.
가려운 데를 긁어선 안 돼.

14 I burned my hand.
손을 데었어.

15 I scalded my finger with hot oil.
뜨거운 기름에 손가락을 데었어.

16 I have the scar of a burn on my foot.
나는 발에 화상을 입은 상처가 있다.

04-89

Scene 03 암

01 His cancer reappeared.
그의 암은 재발했어.

02 Her cancer has stopped progressing.
그녀의 암은 진행을 멈췄다.

03 His cancer is still in the initial stage.
그의 암은 아직 초기 단계야.

04 Her lung cancer has spread to the lymph nodes.
그녀는 폐암이 림프샘까지 퍼졌어.

05 He takes anti-cancer drugs.
그는 항암제를 복용하고 있어.

06 Her cancer is terminal.
그녀는 암 말기이야.

07 He died of stomach cancer.
그는 위암으로 죽었다.

04-90

Scene 04 부상

01 I hit my head on the edge of the table.
머리를 탁자 모서리에 부딪쳤어.

02 I've got a bump on my head.
머리에 혹이 났어.

03 I had five stitches in my head.
머리를 다섯 바늘 꿰맸어.

04 She wears an eye patch.
그녀는 안대를 하고 다녀.

05 Some dust got into my eyes.

내 눈에 먼지가 들어갔어.

06 Your nose is bleeding.

너 코에서 피가 나.

07 I got a crick in my neck while I was sleeping.

자는 동안에 목에 쥐가 났어.

08 I put my shoulder out of joint.

어깨 관절이 빠졌어.

09 I twisted my wrist.

손목을 삐었어.

▲ '어제 넘어져서 발목을 삐었는데 오늘은 더 아픈 것 같다.'는 I fell yesterday and twisted my ankle. It seems to be worse today.라고 한다. 참고로 '골절'은 fracture, '탈골'은 dislocation라고 한다.

10 I sprained my finger.

손가락을 삐었어.

▲ '축구를 하다가 발목을 삐었다.'는 I sprained my ankle while playing soccer.

11 I injured my finger with a kitchen knife.

부엌칼에 손가락을 다쳤어.

12 I caught my finger in the door.

문에 손가락이 끼었어.

13 The pin pricked my finger.

핀에 손가락을 찔렸어.

14 I got a thorn in my finger.

손가락에 가시가 박혔어.

15 I cut my nail to the quick.
손톱을 생살까지 깎았어.

16 I've got a strained back.
허리를 삐끗했어.

17 I fell down the staircase and broke my leg.
계단에서 넘어져 다리가 부러졌어.

18 I fell down and hurt myself.
넘어져서 다쳤어.

19 She has one leg in a cast.
그녀는 한 쪽 다리에 깁스하고 있다.

20 He is in an electric wheelchair.
그는 전동 휠체어를 탄다.

21 He is walking on crutches.
그는 목발을 짚고 걷고 있다.

22 I've skinned my knee.
무릎이 까졌어.

23 I have a pulled muscle in my calf.
종아리 근육이 찢어졌어.

24 Your ankle is swollen.
네 발목이 부었어.

25 I've got blisters on my right foot.
오른쪽 발에 물집이 생겼어.

Scene 05 통증

01 **I have lower back pain.**

허리가 아프다.

▲ 신체 부위의 통증은 I have pain in the+신체 일부 형식으로 나타내는 것이 보통이다. 통증을 표현하는 가장 보편적인 말이 pain이며, ache는 신체 일부의 지속적인 둔한 통증을 말하므로 headache(두통) / stomachache(복통) / toothache(치통) / backache(요통) 등과 같이 활용한다. 또한 전반적으로 몸이 아픈 상태는 sick 또는 ill로 표현한다.

02 **Where does it hurt?**

어디가 아프니?

▲ hurt는 특히 외적인 부상에 의한 통증을 말한다.

03 **My neck is stiff.**

목이 뻣뻣해.

04 **This back tooth aches badly.**

이 어금니가 몹시 아프다.

▲ ache는 My legs ache.처럼 동사로도 쓰인다.

05 **My head is throbbing.**

머리가 욱신거려.

▲ '쑤시다, 욱신거리다'는 ache 또는 throb라고 한다. '시큰하다, 시큰거리다'는 be sore 또는 have a pain (in)으로 나타낸다. '결리다'는 have a stitch (in)을 써서 I have a stitch in my right side.(오른쪽 옆구리가 결린다.)처럼 쓴다. sore는 염증이나 까짐으로 쓰라리거나 근육이나 관절 등의 과도한 사용으로 쑤시고 아픈 경우의 통증을 말한다.

06 **I have a splitting headache.**

머리가 깨질 듯이 아파.

07 **My headache is gone.**

두통이 사라졌어.

08 One foot is asleep.
한쪽 발이 저려.

09 I got a cramp in my leg while swimming.
수영하다가 다리에 쥐가 났어.

Scene 06 병원

01 He was taken to the hospital by ambulance.
그는 구급차에 실려 병원에 갔어.

02 I'll send for a doctor.
의사를 부를게.

03 How do I go about being admitted to the hospital?
입원하려면 어떻게 하면 되나요?

▲ hospitalization(입원) / be hospitalized; enter[go into] a hospital(입원하다) / go to hospital regularly(통원하다) / leave the hospital; get out of the hospital(퇴원하다)

04 Will my insurance policy cover hospitalization?
입원인 경우에도 보험이 되나요?

05 I want to have a private room if possible.
가능하면 1인실을 주세요.

▲ '병실, 입원실'은 sickroom 또는 hospital room이라고 한다.

06 I'll be all right in a ward.
공동 병실도 상관없어요.

07 He entered the hospital.

그는 입원했다.

08 He is in the hospital.

그는 입원중이다.

09 He was discharged from the hospital.
He is out of the hospital.

그는 퇴원했다.

10 I visited a friend in the hospital.

입원한 친구를 문병했었어.

11 I got a vitamin shot at the clinic.

병원에서 비타민 주사를 맞았어.

12 I was vaccinated against the flu.

나는 독감 예방 접종을 받았다.

13 I was given a drip.

링거주사를 맞았어.

14 I was given a blood transfusion.

나는 수혈을 받았다.

15 How long will I have to be in hospital before the operation?

수술 전에 얼마 동안 입원해야 하나요?

16 Is it alright to hire a private nurse?

개인 간호사를 고용해도 될까요?

Scene 07 진찰, 검사

01 Have you felt ill lately?
최근에 불편을 느낀 적이 있었나요?

02 I had my blood tested.
혈액 검사를 받았어요.

03 I had my blood pressure taken.
혈압을 쟀어요.

04 My blood pressure is 130 over 90.
내 혈압은 130에 90이에요.

05 I'm going to take an electrocardiogram reading next, so please lie down face-up.
심전도 검사를 할 테니까 똑바로 누워주세요.

▲ lie down face-up은 얼굴을 위로 하고 눕는 것을 말한다.

06 I'm going to take a blood sample now, so please roll up your sleeve.
채혈해야 하니까 소매를 올려 주세요.

07 I had my stomach X-rayed.
나는 위 엑스레이 사진을 찍었다.

08 Is this the first time you've had a CT scan?
CT촬영은 이번이 처음이세요?

09 The result of my AIDS test was negative.
에이즈 검사 결과는 음성이었다.

10 My reaction to the T.B. test was positive.
내 결핵검사 반응은 양성이었다.

11 I had an operation for a stomach ulcer.
위궤양 수술을 받았어요.

12 Close your left eye and read the row on the right-hand side from the top.
왼쪽 눈을 감고 오른쪽 행을 위부터 읽으세요.

13 We're going to remove a part of the tumor, all right?
종양 조직의 일부를 떼어내야겠는데, 괜찮죠?

14 Your eating will be restricted for a time before the examination.
검사 전에는 당분간 식사가 금지됩니다.

Scene 08 약

01 Can I get my prescription filled here?
여기서 약을 조제할 수 있나요?

▲ 요청할 때는 Could you ~? / Do you have ~? / I want[need] ~. / Can you recommend ~? / Can I have[get] ~? 등의 형식을 이용하면 된다.

02 Take three times daily.
하루 세 번 복용하세요.

▲ take; dose(복용하다) / overdose(과용; 과용하다) / abuse(남용; 남용하다) / side effect (부작용)

03 This drug is no good for me.
이 약은 잘 듣지 않아요.

04 What's a good remedy for fatigued eyes?
피로한 눈에는 뭐가 좋아요?

05 I'd like some ointment[eye drops].
연고(안약) 좀 주세요.

▲ 약국에서 구입할 수 있는 약으로는 nutritional supplements(영양제) / diarrhea medicine(지사제) / digestive(소화제) / pick-me-up(피로회복제) / fever reducer(해열제) 등이 있다.

06 Do you have anything good for chapped skin?
살이 튼 데 잘 듣는 약 있어요?

07 Can you give me something for a cold?
감기약을 좀 주시겠어요?

08 I think it's a common cold.
일반 감기 같아요.

09 What would you recommend for constipation?
변비에는 어떤 약이 좋아요?

10 Which one is cough medicine?
기침약은 어떤 거죠?

11 Is there any pain-killer in this?
이 약에 진통제가 들어 있나요?

12 Is this good for stomachaches?
이 약은 복통에 잘 듣나요?

13 Will this medicine relieve my pain?
이 약을 먹으면 통증이 가라앉을까요?

14 How many tablets does this contain?

여기에 몇 알 들어 있나요?

▲ tablet; pill(알약, 정제) / powder(가루약) / liquid(물약)

15 What is this capsule for?

이 캡슐약은 어떤 효능이 있어요?

16 Some bandages and cotton wool, please.

붕대와 탈지면을 주세요.

▲ '소독약'은 disinfectant라고 한다. 또한 skin patch; plaster(파스) / pain relief cream(바르는 파스) 등도 약국에서 구입할 수 있는 약품이다.

17 I'd like some gauze and plasters.

거즈와 반창고 좀 주세요.

18 I want a small first-aid kit.

소형 구급상자 주세요.